だけど有難い

深谷善太郎
Yoshitaro Fukaya

道友社

喜べないことの中にも喜びがある――序文にかえて

加藤元一郎　仙臺大教会長

このタイトルを初めて見たときに感じたのは〝明るさ〟です。「だけど」という接続詞には「にもかかわらず」という語感もあり、たとえつらく悲しいことの中にも必ず喜びがあるという、その悟りにも似た明るさは徹底しています。

明るいということ。この言葉は、多様な意味を併せ持っています。部屋が明るい、明るい未来、性格が明るい、さらに、ある事柄によく通じている場合にも使われます。また明るさには、物事を良くする力があるように思います。たとえば、明るい性格は人に好かれます。何事も明るく考える人は、周りの人から見れば楽しそうであり、頼もしくも感じます。また、明るいところでは物がよく育ちます。それは信仰のうえにも言えるのではないでしょうか。明るい心、それこそが、ご守護を頂く元になると思います。

私はそのことを著者の深谷先生から学ばせてもらいました。

先生が会長を務める河原町大教会では、平成十四年八月から、月次祭の祭典終了後に、身上を抱える参拝者におさづけを取り次がれています。きっかけは同年六月の月次祭祭典中、てをどりを勤めていた婦人が脳内出血で倒れたことにあります。この節を重く受けとめた深谷先生が、「すべての部内が〝たすけの道場〟として、おさづけを取り次ぐ教会になってもらいたい。そのために、まず大教会から、おたすけの渦を巻き起こそう」と呼びかけられたそうです。月を重ねるごとに身上を抱える参拝者は増えていき、鮮やかなご守護を頂いた方も大勢おられます。

神殿でおさづけの取り次ぎを待つ人たちは、「たすかりたい」「たすけていただきたい」と切に願っており、その心境は、深い闇の中にいるような不安を抱えておられることでしょう。

そんな人たちに向かって、深谷先生は、取り次ぎの前にひと言お話をされます。スタンドマイクの前に立ち、穏やかな口調で時には冗談交じりに語りかけられると、それまでの緊張感は和らぎ、一瞬にして空気が明るくなるのです。

喜べないことの中にも喜びがある。そう優しく諭されるひと言ひと言は、親神様の親心に思いを致す導きとなり、暗闇を照らす灯《あか》りとなって、身上に悩む人たちの心を明るくさせるのです。それは、たすかる言葉であり、たすけの言葉なのです。

本書は、そのときのお話から六十篇を選《え》りすぐってまとめたものです。

私が三十代のころ、あることで悩んでいました。「どうしたら喜べるのでしょうか？」と深谷先生に話を聞いてもらったことがあります。先生は、うんうんとしばらく聞いてくださり、柔らかい笑顔でこうおっしゃいました。

「うちの初代は『けっこう源さん』と呼ばれたけれど、初めからなんでも『けっこう』と喜べたわけではなかったと思う。教祖から、どんな中でも喜ぶことを教えていただき、それからは、額を打って痛くても『有難い』と喜ぼうとした。その努力を百回、千回と繰り返すうちに、やがて気がついたら、どんなことにでも『有難い』と喜べる『けっこう源さん』になっていたのだと思う。君もつらいこともあるかもしれないが、初めは歯を食いしばってでもいいから喜ぶ努力をしたらどうや」

そのとき、親神様を信じて凭《もた》れる気持ちが生まれ、心が明るくなりました。深谷先生の明るさの光源には、深谷源次郎先生がいらっしゃるように感じました。

「だけど有難い」。この言葉は、どんな中にもたすけ一条の親心が込められていることを気づかせてくれる、まさに陽気ぐらしの扉を開く鍵だと思います。

だけど有難い　目次

I 幸せの条件

Ⅱ たすかるコツ

Ⅲ 「感謝」から「報恩」へ

だけど有難い

I　幸せの条件

喜びましょう

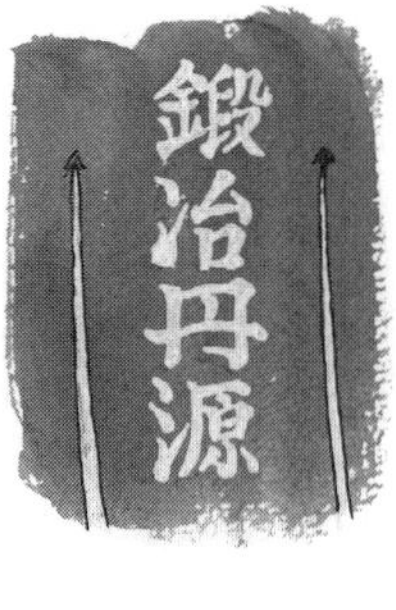

「喜びましょう」と言うと、「元気なときならともかく、病気で苦しいときに喜びましょうもないだろう」と思う人もいるでしょう。しかし、元気で忙しいときは気づかないけれど、病気で寝ているから分かることもあるものです。必ずしも元気だから喜べるとは限りません。病気でつらいときだからこそ、じっくり考えてみることができるのではないかと思うのです。また一つには、病気で苦しい最中でさえ喜ぶ努力をしている——その心を、親神様はお受け取りくださいます。だから、「喜びましょう」と言いたいのです。

娘が小学一年生のとき、右目の上に大けがをしたことがありました。担任の先生が病院から連絡を下さったのですが、私はけがのことを聞くなり、「有難い」と思いました。

なぜなら、河原町大教会の初代会長を務めた深谷源次郎は、右目が潰《つぶ》れるところをたすけていただいて、本気で信仰を始めました。私も赤ん坊のころ、右目の上に大けがをしました。父からよく「おまえは初代と同じように右目が潰れるところをたすけていただいた。あのとき、けがの場所がもう少しずれていたら失明していたかもしれない。たすけていただいて良かったな。目が見えるということは有難いな」と、聞かせてもらったものです。そして、今度は娘まで、たすけていただいた。だから私は、最初に聞いたときからうれしかったのです。

娘が病院から帰宅後、おさづけを取り次がせていただきました。取り次いでいる最中に、ぐっすり眠ってしまい、そのまま朝まで寝てくれました。

翌朝、娘に初代と私のたすけていただいた話をしました。

「今度は、おまえもたすけていただいた。いまは痛いかもしれない。でも、目を開けたら物が見える。有難いなあ。一緒にお礼をさせてもらおう」

そう言いますと、娘はニコニコして、それから神殿で一緒にお礼のおつとめをさせていただいたのです。治ったたから、お礼をしているのではありません。けがをしたのに、お礼をしている。なぜなら、たすけていただいたことが分かるからです。

親々のおかげではありますが、このように思案をすれば、けがも喜ぶことができるのです。

初代会長は「けっこう源さん」「ありがた屋の源さん」と言われるくらい、喜び上手でした。額を打っても「痛い痛い、有難い。痛いと感じさせてもらえることが有難い」と言ったそうです。痛くても「有難い」と、喜ぶ努力をしました。

ここにヒントがあるのです。それは何か。たとえば、冬の朝起きたときに、たまず「寒い！」と口に出してしまっても、その後に「有難い！」と言ったらいいのです。何を喜ぶのか、何が有難いのか考えるのは、それからでいい。人間は「しんどい」と言っていたら、本当にしんどくなります。「有難い」と言って通らせていただくなかに、本当に有難い姿が見えてくるのです。

あちらでも喜ぶ、こちらでも喜ぶ。喜ぶ理は天の理に適《かな》う。

（おさしづ　明治三十三年七月十四日）

日々《にちにち》嬉《うれ》しい〳〵通れば、理が回りて来る。

（同　明治三十四年七月十五日）

親神様は、このようにおっしゃっています。

「喜ぶ」ことは陽気ぐらしの原点です。病気で「痛い」「苦しい」思いをしている方も、ぜひ喜ぶ努力をしていただきたい。親神様は、子供可愛《かわい》い親心いっぱいに、たすけるためにふしを見せてくださっているのです。

立教百六十六年（平成十五年）五月

「から」を「のに」に

先月、おさづけを受けた方の一人に、ガンで手術を受ける予定の方がおられました。その後、有難いことに、ガンが消えて手術しなくてもよくなったということで大変喜んで、夫婦でおぢば帰りをされました。私が教祖殿の当番をしているときに、参拝に来られました。

当初は「手術が成功するように」「なんとか教祖年祭まで生かしてほしい」と、願っていたとのことでした。それが、ガンそのものが消えるというご守護を頂いて、勇みに勇んでおられました。

では、その方はどんなことをして鮮やかなご守護を頂いたのか。あれをしたからこうなる、というような理屈ではないのです。親神様が、たすけてやりたいとの親心いっぱいに、ご守護を下さるからたすかったのです。

親は子供には甘いのです。親元のことを里と言いますが、里という言葉は砂糖に通じます。砂糖は甘い。甘いから「おやさと」と言うのです。親神様は、私たち人間に甘いのです。たすけたいお心でいっぱいなのです。

病気や事情で悩んでいるときに、教会に相談すれば、「おぢば帰りをしましょう」「別席を運びましょう」と言われるかもしれません。あるいは、修養科を勧められるかもしれません。いろんな声を聞くでしょう。しかし、なぜ別席を運んだら病気が治るのか。なぜ、おぢばに帰ったらご守護を頂けるのか。決して理屈で答えが出ることはありません。けれども、実行してご守護を頂いた人がいる。それは、親神様が受け取ってくださるからなのです。

ツバメの雛《ひな》が、親鳥から与えられる餌《えさ》を大きな口を開けてなんでも受け入れるように、私たちも子供のころは、親から出される食べ物を「これは肉になるのか、骨になるのか」などと考えることなく食べていたはずです。同じように、教会から神様の用向きで言われたことを素直に受ける。これが、大切な姿勢です。

その際、邪魔になるのが自分の「殻」です。殻を破るにはどうすればいいか。私は「から」という言葉を使わないことだと思います。「暑いから、参拝に行くのはやめよう」「忙しいから、教会へは行けないなあ」「病気だから」「歳《とし》だから」……このような「から」は、いくらでも見つかるのです。「暇を持て余してしょうがないから、教会でも行こうか」。こんな人は、まずいません。

みな忙しいでしょうし、誰でも病気であればつらい。けれども、それを言いだしたら、教会へ行くことはできないのです。

「教会が便利な所にないから」「教会に寄っている人と気が合わないから」

私たちはつい「から」を使ってしまいます。

私は、この「から」を「のに」に変えたらいいと思うのです。

「遠いから」は「遠いのに、足を運ぶ」。「病気だから」は「病気なのに、参拝する」。

こんなふうに、「から」を「のに」に変えてみると、親神様に受け取っていただく種になることに気づきます。
これは、素直になる手掛かりだと思います。

立教百六十六年（平成十五年）八月

病は気から?

病気という言葉は、「気を病む」と書きます。「病は気から」と言いますが、確かにそういうところがあって、たとえば薬ではない物でも薬だと信じて飲めば、何パーセントかの人には効くそうです。

アメリカ西海岸のある病院で、こんな調査が行われました。病気が回復するようにお祈りをしてもらっている患者さんと、そうでない患者さんの病状の変化を比較して統計を取ったのです。すると、お祈りをしてもらっている人たちのほうが、明らかに良くなる率が高いという結果が出たそうです。それでも考えようによれば、「病は気から」で、薬ではない物を薬と信じて効能があるのと同じと言えるかもしれません。

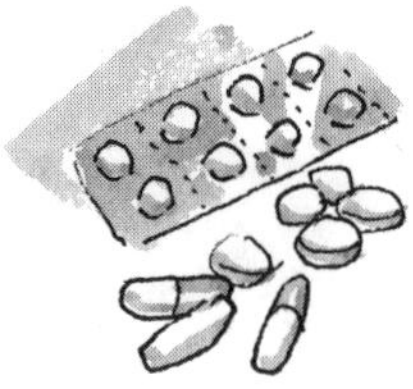

しかし、同じ調査で、この病院のある西海岸から遠く離れた東海岸の人たちが祈り続けた場合も、同じ結果が出たそうです。しかも、祈られた患者さんたちは、自分が祈られていることを知らなかった。これは不思議です。

理由は科学的には分からないので、もっと調査をしなくてはならないそうですが、おそらく、調べても答えは出ないでしょう。それは、人間をお創《つく》りくだされた親神様が、祈る人々の真実をお受け取りくだされたからだと思うのです。

河原町大教会では、月次祭の祭典後、希望する参拝者におさづけの取り次ぎをしています。これは、この世と人間をお創りくだされた親神様に直接お願いするのですから、こんなに心強いことはありません。実際、有難いことに、毎月、不思議なご守護を頂戴《ちょうだい》した喜びの声を直接聞かせていただいたり、お礼状を頂いたりするようになりました。

偽薬でも、その気で飲めば「病は気から」程度には効くのです。おさづけの取り次ぎは親神様から直接ご守護を頂くのですから、「本当にたすかるのだろうか」などと疑っていたのでは、せっかく「たすけてやろう」と思っておられる親神様が「たすけられない」ということにもなりかねません。本気で信じて、もたれて、ご守護を願っていただきたいのです。

『稿本天理教教祖伝逸話篇』に、「子供が親のために」というお話があります。お道の草創期の先人の一人、桝井伊三郎先生がまだ若いころのこと、病気で危篤《きとく》状態の母親をたすけていただきたくて、教祖のところへお願いに行かれました。しかし、教祖は「せっかくやけれども、身上救《たす》からんで」と仰せになりました。

教祖が「救からん」とおっしゃるのだから仕方ない。そう思って、伊三郎さんは家に帰りました。しかし、苦しむ母の姿を見ると、それでもたすけていただきたいという気持ちでいっぱいになって、再び教祖のところへ行き、「ならん中を救けて頂きとうございます」とお願いしました。けれども、教祖は重ねて「伊三郎さん、気の毒やけれども、救からん」と仰せになりました。

教祖が二度にわたって「救からん」とおっしゃるのだからと、そのときは得心して家に帰ったけれども、伊三郎さんは母の苦しむ姿にどうしてもジッとしていられませんでした。三たび、教祖のところへ行って、「ならん中でございましょうが、何《な》んとか、お救け頂きとうございます」と、お願いしたのです。すると、教祖は「子供が、親のために運ぶ心、これ真実やがな。真実なら神が受け取る」と仰せくださり、お母さんは鮮やかにご守護いただいて、八十八歳まで長生きされたということです。

この姿勢が大事なのです。

私たちは、どうしても合理的・論理的にものを考えようとします。科学を信仰しているようなところがあります。お医者さんに「だめだ」と言われたら、がっかりして、神様から宣告を受けたような気になって諦《あきら》めてしまう。しかし、お医者さんは神様ではありません。

最近、病院でも「病気と明るく闘おう」とか「病気と共に生きよう」などと書いたポスターを貼《は》っているところがあります。それはなぜか。暗い気持ちで後ろ向きに生活するより、明るく素直な人のほうがたすかりやすいということが統計的に分かってきたからです。では、どうしたら明るく生きられるのか、どうしたら前向きに生きられるのか、その方法は病院では教えてくれません。

私たちは、本当の人間の生き方、陽気ぐらしの生き方を知っています。そして、親神様を信じ、心を入れ替えることで、ご守護が頂けることを知っています。こんな有難いことはないのです。

立教百六十六年（平成十五年）九月

幸せの条件

私は時々、若い学生さんが集まった席で、こう尋ねることがあります。「幸せの条件って、どんなことだろうか?」。そして、手を挙げてもらいます。

たとえば「財産がある」——意外に手は挙がりません。若いですから、お金なんか要らないと思っている人もいますし、そんなことはあまり重要ではないと思いたい、という気持ちもあるのでしょう。そこで「本当に要らないの? なかったら困らない?」「何回、手を挙げてもいいよ」と言うと、ジワジワと増えていって、最後には大半が手を挙げます。

「大好きな人と結婚する」——これは文句なしにたくさん挙がります。「健康」——

これも文句なし。「仕事」――これは全員ではありませんが、男子はほとんど手を挙げます。「生き甲斐《がい》になるような趣味」――これも、そこそこ挙がります。「子供」――これはたくさん挙がります。

ほかにも「地位」や「名誉」――これも数は少し減るけれども手が挙がります。こんな調子で列挙していくと、「幸せの条件」はいろいろあるのです。

そこで次に、「大好きな人と結婚して、仕事が順調で、子供も生まれて、家族みな健康。言うことなしの状態で一年経《た》ったとして、幸せだろうか？」と聞くと、あまり手が挙がらないのです。「先ほど挙がった条件が入っているのに、なぜ手が挙がらないんだろう」と尋ねると、「そのときになってみないと分からない」という答えが返ってきました。

そうなのです。実は大好きな人と結婚しても、一年経ったら大好きかどうか分からないのです。財産があっても、揉《も》めている家もあります。子供がいたらうれしいなと思っても、子供で困っている家もある。つまり、「幸せの条件」が与えられているからといって、幸せとは限らないのです。世界中で一番お金持ちの人は、きっとどこかにいるに違いありません。じゃあ、その人が幸せかといえば、それは分かりません。

では、幸せの元はどこにあるのでしょうか。それは心です。「子供がいることがうれしい」「配偶者がいることがうれしい」と思えたら幸せですし、「嫌だなあ」と思ったら不幸せなのです。

以前、ある六十代の女性がおたすけを願ってこられました。その方は、喉頭《こうとう》ガンで食道を全摘出されました。大変苦しいと、泣きながら訴えられます。全摘出ですから食べ物が入りにくくて苦しい。体は手術の跡も生々しい。「自分は手術してほしいと思っていたわけじゃない。承知した覚えがない。痛い苦しいと言っても、家族が分かってくれない」と泣いて訴えられるのです。

その方の話を聞いたうえで、私は尋ねました。

「教祖が貧のどん底を通られたときに、明日炊く米がないなかを、『世界には、枕もとに食物《たべもの》を山ほど積んでも、食べるに食べられず、水も喉《のど》を越さんと言うて苦しんでいる人もある。そのことを思えば、わしらは結構や、水を飲めば水の味がする。親神様が結構にお与え下されてある』と子たちを励ましながら通られたというお話があります。私はそれを聞いて知っているけれども、実際にその状況になったことがないので、どれだけ有難いことなのか実感はありません。奥さんは、水も喉を越さない状況で長い間過ごされましたが、初めて物が通った瞬間はどうでしたか？」

するとその方の顔色が変わって、「そら、美味《おい》しかったよ」と。「そんなに美味しかったですか」「あんなに美味しいと思ったことはなかった」と、先ほどまでの涙とは反対の、うれし涙で話されました。私が「奥さん、それをお子さんにお伝えになったらどうでしょう」と言うと、「良い話を聞かせていただいた」と喜ばれました。

これは心の向きが変わったということですね。心がたすかったということなのです。来るときは悲しくて苦しくてたまらなかったのに、おさづけを受けて、帰るときは笑顔でニコニコと帰られました。

つらいこと、苦しいこと、悲しいことは、わざわざ数えなくてもつらいし、苦しいし、悲しい。それは誰しも分かっているのです。この女性が、水が喉を越した喜びを感じたときにうれしくて泣けたように、私たちも数えてみれば、ご守護をいっぱい頂いていています。そのご守護を喜ぶ心になったとき、実は体もたすかっていくのです。

立教百六十六年（平成十五年）十月

奇跡

奇跡というものは、山のようにあると思うのです。現に、大教会の祭典後のおさづけの取り次ぎで、「医者に余命二週間と宣告された方がご守護いただいた」「ガンが消えた」「手術をしなくて済んだ」「手術が大変うまくいった」「歩けなかった人が歩けるようになった」「膝《ひざ》が曲がらず座れなかった人が、座れるようになった」といった報告を、毎月のように聞かせていただきます。この教会だけでも、数々の奇跡を見せていただいているのです。

今日は、そういう奇跡の話ではなく、私たちが「いま、ここにいる」という奇跡の話をしたいと思います。驚くようなご守護も奇跡です。しかし、そればかりではあり

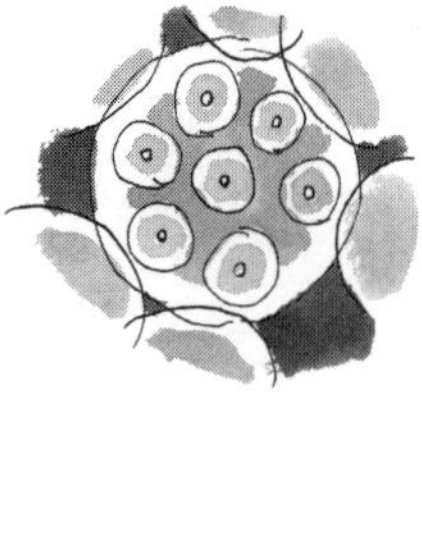

ません。むしろ本来、私たちが「いま、ここにいる」ということ自体が、奇跡的なご守護の真っただ中にいるということだと思うのです。

たとえば、私は一歳のときに母を亡くしました。考えてみれば、母の出直しが一年早ければ、私は生まれていないのです。私の母もまた、幼いときに祖母と死別しました。これもわずか数年出直すのが早ければ、母も生まれていません。私の家は信仰して五代目ですが、二代目の徳次郎も、生まれるのとほぼ同時に母を亡くして顔も知りません。五代目の私は、本当に奇跡的に、いま、ここにいるのです。それとても、四代前のこの教会の初代会長を務めた源次郎が信仰してくれたおかげで、こうしているわけで、そうでなければ百数十年前になくなっている家なのです。

さらに遡《さかのぼ》って、親神様がこの世人間をお創《つく》りくださってから今日まで、いったい何人の親がいたのか分かりませんが、その親が一人でも欠けていたら、私はいま、ここにいないのです。私だけではありません。人は皆、自分が全く知らない親がいてくださったからこそ、いまがあるのです。

また、過去から今日までの生命の営みだけでなく、いま、ここにある私たちの体を考えてもそうです。人間の体は、およそ六十兆個の細胞（最近三十七兆といわれるようになりました）から成り立っています。しかし、この細胞が全部生きていたらいいというわけでもありません。細胞それぞれの寿命が来たときには、死んでもらわなければならない。たとえば、血液の成分である白血球、血小板、赤血球は、それぞれ寿命が違います。数時間で死んでしまうものもあれば、十日生きるものもある。また、百二十日ほど生きているものもあります。そして、死んでいくものの代わりに、新しいものが生まれてくるから、私たちは生きているのです。

親神様のご守護というものは、本当にきりがないのです。人間をお創りいただいて以来、今日までに、どれほどのご守護を頂いてきたか。いま、ここにいるという事実のなかに、どれほどのご守護があるかと考えたら、どれだけお礼を申しても、し過ぎることはないと思います。

ですから、いま体が不自由で悩んでいる人も、お願いの前に、まずお礼を申し上げていただきたいのです。私たちは病気や事情で悩むと、必死になってお願いします。必死になってすがるというのは大切なことです。このすがってお願いする気持ちと同じくらい、お礼が大切だと思うのです。私たちはつい、それを忘れます。山のようにご守護を頂いているのに、たった一カ所、膝が痛いと、そのことで思い悩みます。まず、親神様のご守護に対するお礼を、しっかりさせていただきたいものです。

そのお礼の仕方を、教祖は教えてくださいました。その第一が、おたすけです。世界中の人は皆、山のようにご守護を頂いていることを知らずに生きています。この教えは、信仰している人だけのものではありません。お道を信仰している者だけが兄弟姉妹《きょうだい》ではないのです。世界中の兄弟姉妹に、一日も早く教えを伝え、親神様のご守護に共に感謝してもらえるよう、つとめさせていただきたいと思います。

立教百六十八年（平成十七年）四月

#「覚」の話

「覚《さとり》」をご存じでしょうか。

物事の真理を知るという意味の「悟り」ではなく、日本の民話に数多く登場する想像上の動物のことです。地域によって、「おもい」という名前だったり、「ざらざらざった」と呼ばれたりもするようです。

しかし、いずれも同じような話で、木こりが山で木を切っていると、毛むくじゃらで猿のような二足歩行の覚が現れます。木こりは、この珍しい生き物を生け捕りにしてやろうと考えます。ところが、覚は人の心を読む能力を持っていて、木こりに向かって「生け捕りにしようと思ったな」と言うのです。

これでは生け捕りは無理だから、斧《おの》で殺してやろうと、木こりが考えを変えると、またもや「斧で殺そうと思ったな」と、心のなかを言い当てます。

これはとても敵《かな》わないなと思うと、「とても敵わないと思ったな」と言うので、木こりは覚を相手にするのをやめて黙々と木を切ることにします。そうしているうちに、たまたま斧の先がすっぽ抜けて飛んでいって、覚の頭に当たって死んでしまった、という話です。

なぜこんな話をするかというと、最近、この「覚」のような人間が増えたと思うのです。人の考えていることばかりを気にして、結局のところ、自分の運命が分からない、神様のご守護が分からない人が多くなりました。

たとえば、子供の自殺がテレビで報道されると、日本中が〝一億総評論家〟になってそれについて詮索《せんさく》します。「学校教育が悪い」「いや、家庭に問題がある」などと、いろんなことを言います。では、それで自殺がなくなるかといえば、そうではありません。私は、みんなが「覚」になっている姿だと思うのです。

いま、日本ほど豊かな国はないと思います。飢えに苦しむような人はほとんどいないでしょう。それにもかかわらず、子供たちの自殺が後を絶ちません。世界には食べるのに困っている国がたくさんあります。そこに住む子供たちが、日本の現状を見たらどう思うでしょう。皮肉なことに、大変な暮らしをしている国では、子供の自殺はほとんどないといわれます。

なぜ豊かだと自殺をしてしまうのでしょう。それは恵まれていることが当たり前になって、その有難さに気づいていないからです。いかに自分が恵まれているか、子供も親も、日本人みんなが分かっていないのです。目に見える徳は山ほど頂いているのに、目に見えない徳が薄い。幸せを感じる心がないということです。例えるなら、ヒマラヤ杉のようなものだと思います。この木は成長がとても早く、じきに大木に育ちます。しかし、台風などの強風に見舞われると、途中で折れてしまったり、根こそぎひっくり返ったりしてしまいます。それは根が浅いからです。

私たちは、根に肥やしを置く方法を教えていただいています。「徳積み」「伏せ込み」「理づくり」です。これらは、いずれも目に見えません。しかし、いざというときにたすかるかたすからないか、親神様に踏ん張っていただけるかどうかは、それまでの「徳積み」「伏せ込み」「理づくり」にかかっていると、私は思うのです。

人生を振り返ると、一つ間違えば生死に関わるようなことが誰にもあったと思います。また、精神的に追い込まれて、立ち直れないくらい落ち込むこともあるのです。そのとき自殺が頭をよぎったとして、親や信頼できる教師に諭されたから思い留《とど》まるわけではないのです。結局のところ、与えられている、いまの姿を喜べる心があれば、いざというときに心を持ち直すことができるのです。どれほど豊かになっても、有難いと感じる心がなかったら、不足の固まりになってしまいます。ちょっとしたことで、気持ちがポキンと折れたり、根こそぎ倒れたりするのです。

お道を通っている私たちは、親々の伏せ込みのおかげで、いまがあります。決して自分の力で結構になっているのではありません。そのことを忘れずに、一人ひとりがしっかりと神様の御用、人だすけの御用を担わせていただき、徳積み、伏せ込み、理づくりに励ませていただきたいと思います。

立教百六十九年（平成十八年）十一月

ありがとう

「感謝の表し方」には、いろいろな方法があると思います。一番の基本は、「ありがとう」と声に出して言うことでしょう。皆さんは、一日に何回「ありがとう」という言葉を口にしているでしょうか。

私は若いころ、本部で青年勤めをさせていただいていました。青年は、朝づとめ前に本部詰所へお集まりの先生方にお茶を出して回ります。そのうちに真柱様がお出ましになります。当時は三代真柱様ですが、お茶をお持ちして「おはようございます」と申し上げると、「おはよう」とか「おはようさん」と言ってくださいます。続けて「どうぞ」とお茶を差し上げると、「ありがとう」とおっしゃるのです。とてもうれ

しくて、自分もそういう場面では、必ずありがとうと言おうと思ったものです。

この教会でも、朝づとめ前には青年さんがお茶を出してくれます。私は「ありがとう」とお礼を言います。しかし、なかには何も言わずにお茶を置く人もいます。集まってくる役員さんに、無言でお茶を出しているので、あとで「牛や馬に水をやるのやないんやから、『どうぞ』と声を掛けなさい」と注意したことがあります。「どうぞ」「ありがとう」、これが大事だと思いますね。

先日、妻が留守にしていた朝、私はみそ汁を温めて、中学生の娘に「もう、ぼちぼち起きなあかんで」と声を掛けました。娘は鞄《かばん》を持って学校へ行く際に、「お父さん、今日はありがとう」と言って出かけていきました。その「ありがとう」が、とても心地よかったのです。良い声で、あいさつしていきました。夜、帰ったら娘がいたので、「今日の朝のあいさつは大変良かった。いつも、あのありがとうを忘れないで」と話をしました。「ありがとう」というのは良い言葉ですね。

「ごめんなさい」も大切な言葉です。たとえば、満員電車のなかで誰かの足を踏んだとします。「ごめんなさい」とすぐに言えば、相手も「いやいや、かまいません」と答えて何事もなく過ぎますね。しかし、謝るタイミングを外したり、あるいは電車が揺れたのだから、満員だから仕方ないと思ったりして声を掛けないと、足を踏まれたほうは一日中、気分が悪いと思います。

私も満員電車でハイヒールの女性に足を踏まれたことがあります。結構痛かったのですが、その女性が「ごめんなさい」と慌てた様子で謝ってくれたおかげで、さわやかに一日を過ごすことができました。もし、女性が何も言わなかったら、この人は何を考えているのかと、大変気分の悪い思いをしたことでしょう。

私たちは、「ごめんなさい」や「ありがとう」を素直に言える人間でありたいものです。一日にどれだけ「ありがとう」と口に出しているか、一度考えてみてください。その気になれば、普段の暮らしのなかにチャンスはたくさんあります。買い物に行ったら、お店の人に「ありがとう」、タクシーやバスに乗ったら、降りるとき運転手さんに「ありがとう」と言えますね。言われたほうは、うれしいものです。皆が毎日意識して「ありがとう」と言えば、どれだけ明るく陽気な世界に近づくことでしょう。まずは親神様に「ありがとう」、教祖に「ありがとう」から始めて、周りの人たちに「ありがとう」と言えるようになりましょう。

立教百六十七年（平成十六年）十二月

チューリップの思い出

春の花と聞いて多くの人がイメージするのは、やはり桜でしょうか。おぢばでは例年、まず梅が咲き、続いて東筋《ひがしすじ》のアタミザクラ、別席場前のシダレザクラ、ソメイヨシノと順に咲いて、帰参者を喜ばせてくれます。

桜が終わって満開を迎える花の一つに、チューリップがあります。チューリップというと、私は母のことを思い出すのです。私には産みの親と育ての親の二人の母親がいます。このうち、育ての母はチューリップの好きな人でした。私はそのことを子供のころから知っていましたが、なぜ好きなのかは知りませんでした。

妻と結婚して、しばらくしてからのことです。母は妻と一緒に庭いじりをしながら、

その訳を話してくれたそうです。それは私の話でした。私が小学校に上がりたてのころ、母の誕生日にチューリップの球根を買ってプレゼントしたことがあり、それ以来、母は毎年チューリップを植えて世話をしていたとのことでした。そう言われてみると、確かにチューリップの球根を買った覚えがありました。でも私は、そのことをすっかり忘れていました。

母からすれば、それが最初に私からもらったプレゼントだったのだと思います。それがうれしくて毎年チューリップを植えて育ててくれていたのです。つくづく親心は有難いと思います。

母のことで、もう一つ思い出すのは、私が中学校を卒業して天理高校へ入ったころのことです。私は自分に産みの親がいること、そして、その母が出直していることを初めて知って、精神的に不安定な時期を過ごしました。のちに母は「あのとき、あんたは自分の徳の力で乗り越えてくれた」と言いました。しかし私には、自分の力で乗り越えたという自覚はありませんでした。それがもし、私の徳の力だというのなら、いったいその徳は誰が積んでくれたのか。自分で積んだ覚えはないのです。

私は親々のおかげだと思うのです。そして、母だと思うのです。おそらく、私がそのことを悩んでいるのを知って、親神様に一生懸命祈ってくれたと思うのです。私がそのふしを乗り越えられるように願って通ってくれたに違いありません。おかげで乗り越えることができたのです。親というのは本当に有難い。子供がどれだけ親のことを思ったところで、親には敵《かな》わないと思います。

私たちの親は、親神様、教祖です。教祖は、私たちが人をたすけることをお望みくださっています。そのお心に応えさせていただき、一人でも多くの方をおぢばへお連れして、教祖にお喜びいただきましょう。

立教百七十六年（平成二十五年）四月

華のある人

テレビ、映画、舞台、あるいは野球やサッカーといったスポーツの世界などを見ると、「華のある人」というのはいるものですね。その人がやって来ると周りまでパッと明るくなるような、なんとも言えない魅力がある。そういう人には、人の心が寄ります。人の心が寄るから、物も寄ります。

たとえば、アテネオリンピックで野球競技の日本代表監督を務めた長嶋茂雄さんがそうです。巨人ファンでなくても、長嶋ファンだという人は多いですね。それだけ魅力があるからでしょう。途中で病気になってアテネへ行けない状態になったのに、監督は代わりませんでした。普通なら、そのまま続けることはあり得なかったと思いま

すが、周囲から文句も出なかった。まさに「華のある人」です。みんなが「長嶋さんなら」と認めてしまう素晴らしさがあるのです。

私は、道友社発行の『すきっと』という雑誌が「華」という特集を組んだ際に、フジテレビの元プロデューサー・横澤彪《たけし》さんの話を聞いたことがあります。昔、「オレたちひょうきん族」というバラエティー番組をプロデュースしていた人です。ビートたけしや明石家さんまが出演していて、大変人気がありました。

その横澤さんが、こう言うのです。

「華のある人というのは、まず何より『陽気な人』である。『明るい人』である。暗い人には華はない。また、どんなに苦労していても、苦労が顔に出る人には華はない。役者でも、苦労が顔に出ると華はないんです、あとは下り坂です」

また、こうも言っていました。

「華のある人というのは、人を喜ばせたいという気持ちを持っている人である」

たとえば、落語家の初代・林家三平師匠は、明るく陽気で、人を喜ばせる心が人一倍あったそうです。ネタが受けないときは、草履《ぞうり》を投げてでも受けたい、お客さんに喜んでもらいたい。笑ってもらえるなら、なんでもするというのが、あの三平師匠だった。師匠がいるだけで、みんなうれしくて楽しくて、そばへ寄っていったということです。

この話を聞いて思いました。そんな話なら、わざわざ横澤さんを取材しに行かなくても、お道の人こそ「華のある人」のはずです。親神様を信じているのですから、当然、明るく陽気な心になれますね。そして、お道では「人をたすける」ことを学びますから、当然、人に喜んでもらいたい、たすかってもらいたいという心を持っているのです。

では、お道を信仰してさえいれば良いのか。そうではありませんね。教えを実行しないと、人の心も物も寄るような魅力のある人にはなれません。

「信じているが、にをいがけができない」「人をたすけるなんて、おこがましい」と言う人がいます。しかし、それは考えようによっては、災害や事故のときに、自分がたすかって「ああ良かった。でも、人をたすけるなんて気持ちにはなれない」と言っているようなものです。

人のことを思いやれない、考えられないというのは、たすかりにくい姿です。犯罪を起こす人たちは、たいてい後のことは考えていません。人の痛みに気がつけば、そんなことはできないのです。

私たちお互いは、教えを実行させていただいて、

「あの人がいると、うれしくなるな」

「あの人に会って、話が聞きたいな」

「あの人の話を聞くと、何か明るい気持ちになれるな」

そんな華のある人、魅力ある人を目指したいものです。

立教百六十七年（平成十六年）十一月

「火水風」

親神様のお働きを十分に頂戴《ちょうだい》する通り方とは、どのようなものでしょう。

親神様は、ご自身のお働きについて端的に「火、水、風」と教えられます。それぞれ、どんなものか見てみましょう。

まず「火」。私たちは太陽の光や熱、温《ぬく》みなしに生きていくことはできません。そして「水」。地表の七〇パーセントは水、私たちの体の七〇パーセントも水で出来ています。

「火」は太陽、「水」は月。最近の研究で、月には、かなりの量の水が存在すると言われるようになりました。そしてまた、月は地球の生命にとってなくてはならないも

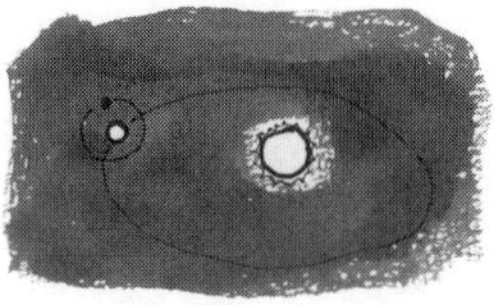

のであることが、あらためて分かってきました。

地球は自転と公転を続けています。もし月の引力がなかったら、これらの運動が不規則になり、地球環境はとてつもなく厳しいものになるというのです。地球に生命が誕生するには、太陽と地球が、ちょうどいまの距離になければならなかったということは、よく知られています。その確率も相当に低いわけですが、加えて月の存在なしに、現在の地球環境は成り立たないのだそうです。この宇宙のなかで、宝石のような地球の存在、それは太陽と月があるおかげなのです。

潮の満ち引きも、月の引力によるものです。海岸で見られるあの潮の満ち引きは、私たちの体のなかの満ち引きでもあります。人間の誕生や出直しの時期は、私たちの体と月の運行に深い関わりがあるといいます。

「火」と「水」、温みと水気の調和のおかげで、私たちは生きていくことができます。世界の平均気温が数度上がれば地球は砂漠化します。逆に下がれば氷河期がやって来ます。気温にすれば、わずか数度の違いです。同じように、私たちのこの体も、体温が三六度前後で一定しているから生きていけるのです。数度上がっても下がっても、たちまち動けなくなってしまいます。

そして、もう一つのお働きが「風」です。これは、大気や空気のことです。大気や空気は目に見えないので、その存在になかなか気づきません。それを、教祖は「風」と教えてくださいました。なるほど、見えなくても、空気が動いて風になると頬《ほお》に感じるし、旗ははためきます。見えない姿が動く風になって、私たちに見えるのです。この空気、大気がなくなると、私たちは生きていけません。動物は酸素を吸って二酸化炭素を出し、植物は二酸化炭素を吸って酸素を出しています。大気というものがなかったなら、地球上の生命は存在できません。

「火、水、風」は、まさに親神様の肝心要《かなめ》のお働きです。では、この親神様のご守護をいっぱい頂戴するためには、どんな通り方をしたらいいのか。この道の先人先輩は、こんな悟り方をしました。それは、「火、水、風」のような心で通らせていただくということです。

まず「火」とは、どんなものでしょうか。昔は暖炉の火や囲炉裏《いろり》の火がありました。火は、私たちに光と温みをたっぷりと与えてくれます。そのおかげで食事を作ることもできます。しかし、火が燃え尽きると、灰になります。蠟燭《ろうそく》の火でいえば、最後まで周りを照らして自分は消えてなくなるのです。「水」はどうでしょう。水は低い所へ流れていって、しかも周りの汚れを取っていく働きをします。「風」もなくてはならないものですが、私たちの目には見えません。見えないけれど、大切な陰の働きをしているのです。

火のような姿とは、周りを温め、輝かせ、そして自分は消えていくような働き方。水のような姿とは、低い心で、人の汚れを自分が被《かぶ》るような通り方。風のような姿とは、大切な仕事をしながらも自己主張をしない陰のつとめ方。こうした「火、水、風」のような心の姿勢で私たちが通れば、間違いなく、親神様のお働きを十分に受けることができると思います。

立教百六十九年（平成十八年）四月

夢中

人間は大事なことを忘れることがよくあります。けれども、嫌なこと、つらいこと、苦しいことというのは忘れられないものです。たとえば病気や事情は、その最中は片時も頭を離れません。毎日苦しいのだから当然です。

忘れてはいけないことを忘れて、忘れたいことは忘れられない。では、どうすれば、つらいこと、苦しいことを忘れられるのか。方法はあるのです。それは夢中になることです。

私の母方（義母）の祖母は、九十六歳で出直しました。田舎育ちの純朴な人で、出直す十日前までパチンコに通っていました。そのころは、上半身が地面と向き合うほ

ど腰が曲がっていて、人の支えがないと椅子《いす》に座れない状態でした。しかし台の前に座ると、その曲がった腰が伸びるのです。普段は痛いとか、しんどいとか言っていても、このときは忘れているのです。ただし、忘れているのはパチンコをしているときだけです。ゲームやパチンコに夢中になって忘れるというのは、それが終われば元に戻ります。

しかしながら、実は「夢中になった結果、本当に忘れられる」ことがあるのです。それは教祖が教えてくださった、この道の通り方です。教祖は「人たすけたら我《わ》が身たすかる」と仰せになりました。「自分が苦しいときに、他人なんてたすけられない」と思いがちですが、それでも人のために願うことはできるはずです。「苦しいだろうな、つらいだろうな」と感じることができれば、その人のために祈ったり、おさづけを取り次いだりすることは、たとえ自分が病気であろうとできるのです。

私たちの先輩方は、病気の苦しみや事情の悩みのたすかりを願って、おぢばへ帰りました。教祖は「人をたすけるのやで」と仰せられました。先輩方は、それを実行してたすかりました。そして次には、その喜びから、たとえ自分に病気や事情がなくても、人をたすけるようになったのです。夢中になっておたすけをしていたら、自分がたすかっていた。そこがパチンコやゲームとは違うところです。

おたすけに夢中になると、忘れることができるのです。まずは、あの人をたすけよう、この人をたすけようと、目星をつけてください。その人がこちらの話を聞いてくれるかどうか、受けてくれるかどうかは分かりません。しかし、目星をつけることはできます。そして、その人に声を掛けて、おぢばへ連れ帰っていただきたい。別席を運んでくれないだろうか、どうしたら修養科に入っていただけるだろうかと考え始めたら、その時点でたすける側に立っているのです。この心を、親神様、教祖はお受け取りくださいます。そして気がつけば、自分がご守護を頂いているのです。

立教百六十八年（平成十七年）六月

忘れる力

先日、テレビを見ていたら、長年、認知症の方の世話取りをしている人が、こんな話をしていました。あるとき認知症の方が、ベッドの上に身の回りの物を並べて捜し物をしていたので、「お手伝いしましょうか。何を捜されているのですか」と声を掛けたら、「それが分かったら苦労するか!」と答えが返ってきたそうです。

認知症とまでいかなくても、人は歳《とし》とともに物忘れをするようになります。私も、人の名前をよく忘れます。顔は分かっているのに名前が出てこないのです。大事なことをうっかり忘れることもあるので、メモを取るのを習慣にしています。寝るときも枕元に必ずメモ用紙を置いて、夜中に急に起きて書き込むこともあります。

妻も物忘れが多いので、メモを取るように勧めたことがあります。その後、メモを取るようになったのですが、それでも大事なことを忘れることがありました。「なぜ、メモを取らなかった？」と尋ねると、妻は「メモは取ったが、見るのを忘れた」と答えました。習慣になっていないと、メモだけ取ってもだめなのですね。

こんな話をすると、私が物忘れをすることに不足していると思われるかもしれません。実は、その反対に喜んでいるのです。もちろん、人に迷惑をかける場合は喜んでいられません。けれども私は、自分が実にくだらないことにとらわれたり、くよくよ悩んだりする人間だということをよく知っています。もし、忘れることがなかったら、失敗したことや、厳しく叱《しか》られたことをくよくよ悩んで、夜も眠れないでしょう。忘れるから、ゆっくりできるのです。こう考えると「忘れる」ということも、神様のご守護として喜ぶことができます。

記憶力というのがあるように、「忘れる力」があってよいのです。「最近、記憶力がなくなってきた」と言うのは当たっていないのです。「最近、忘れる力がますます向上してきた」と言うべきではないかと思います。歳とともに記憶力が低下するのは、ある意味では大変結構なことなのです。体はだんだん衰えていくのに記憶力が低下しなければ、イライラすることばかり増えて、しょうがありません。神様が、ちょうど良いようにしてくださっているのです。

これは勘違いということなのかもしれませんが、こんなことがありました。

私の父がいよいよ衰弱してきたときに、お医者さんが「いかがですか」と容体を尋ねました。これに対して、父は「私はこの歳まで生かしてもらい、子供も七人与えていただいた。孫も次々生まれ、誰一人欠けることなく通らせてもらっている。こんな結構なことはない。なんにも言うことはありません」と言ったのです。お医者さんは容体を聞いたのです。しかし父は、信仰で答えたのです。そのおかげで、私たち家族は喜ばせてもらいました。人生の黄昏《たそがれ》時を迎えたときに、何も言うことがない、結構だという父の気持ちを聞くことができました。もしあのとき、父が勘違いをしていなかったら、こんなうれしい話は聞けなかったと思います。ですから「勘違い」も「忘れること」も、ご守護だと思えるのです。

私たちは、一人でも多くの方をおぢばへ連れ帰らせていただこうと、声掛けをさせていただいています。私たちの先人・先輩方もそうであったように、声を掛けても、すんなり聞いてくれる人ばかりではありません。むしろ、迷惑に思う人もいます。

先人は厳しい迫害・弾圧のなかを通り抜けてこられました。いまでも、あまり褒《ほ》められることはなく、暴言を吐かれることのほうが多いのです。そんなときに、この「忘れる力」を発揮したいと思います。私たちの先輩は、この力を大いに発揮しました。何事もなかったかのように、翌日また声を掛けに行ったのです。そして意外にも、行ってみれば、おぢばへ帰ってくださるということがあるのです。ですから、コロッと忘れて声掛けをすることが大事なのです。

つまらないことにこだわったり、とらわれたりするのではなく、「忘れる力」も大いに発揮して神様の御用をさせていただきましょう。

立教百六十九年（平成十八年）六月

食べる順番

食事をするとき、好きなものを先に食べるでしょうか。それとも、あとで味わって食べるでしょうか。特に極端な好き嫌いがなくても、人によって、なんとなく箸《はし》の出し方の違いというものがあるように思います。

数日前、家族そろって食事をすることがありましたので、皆に聞いてみたところ、娘二人は「好きなものは、あとで味わって食べる」と答えました。妻は「一番美味《おい》しいと思うものをまず食べて、残っているなかで一番好きなものを次に食べる。そうしていったら全部好きなものだから楽しい」ということでした。

では、教祖はどうかといいますと、『稿本天理教教祖伝逸話篇』のなかに「柿《かき》選

び」というお話があります。柿がたくさん載ったお盆を教祖の御前《おんまえ》にお出ししたところ、教祖はその柿を、あちらから、こちらからと、いろいろと眺めておられました。やはり、教祖もお選びになるのだなと思っていますと、そのなかから、一番悪いと思われる柿をお選びになった。人に美味しい柿を食べさせてやろうとの親心なのです。教祖もお選びになるが、私たちとは選び方が違うのです。

私たちはそのようには、なかなかできないと思うかもしれませんが、わが子にはどうでしょう。私の妻も、子供が小さいときは、子供が残したものを綺麗《きれい》に食べていました。美味しいものを自分が先に食べてしまうのではなく、子供に先に食べさせ、残ったものを食べていたのです。誰でもそうではないでしょうか。子供に対してはできるのです。では、子供だけかというと、そうではありません。夫や妻にしている方もあると思います。恋人、親友、またお世話になった人にもそうではないでしょうか。つまり、大好きな人にはできるのです。

こうしてみると、私たちも意外と教祖のように心を働かせているのです。ひょっとすると、原始時代、人間が一番初めにした親切は、人に食べ物を分け与えたことではないでしょうか。食べ物を人に譲ろうという気持ちから、私たちの人を喜ばせたいという感情が始まったのかもしれません。

人間の値打ちは、そうして「人に喜んでもらいたい」と考えられるところにあると思います。

喜んでもらいたい対象には、もちろん親も入っています。自分を産み育ててくれた親に、ご馳走《ちそう》したいなどと考えます。誕生日のプレゼントを贈るのに、親に毎月仕送りをしているからといって、そこからプレゼントの代金を差し引く人はないでしょう。私は、教祖の年祭活動のつとめ方というのも、この心だと思うのです。をやに対する日ごろの感謝に加えて、さらに喜んでいただく行動を取るのです。をやは子供を喜ばせたい思いで、お土産《みやげ》をたくさん用意してお待ちくださるに違いないのです。その親元へ、一番お喜びくださる「人をたすける」心と態度をもって帰るのです。

教祖年祭の元一日は、実は誕生日ではありません。教祖が現身《うつしみ》をかくされた日です。

ということは、親に喜んでもらいたいという心でつとめるのではありますが、それは誕生日に使う心ではなく、むしろ、親が危ういときに使う心だと思います。なんとしても親に喜んでいただきたいという、仕切った心でやりきらせていただくことが大切です。

共々に、できるだけ多くの人に声を掛け、病気や事情に苦しむ人にご守護の喜びを味わっていただけるよう、仕切ってつとめさせていただきましょう。

立教百六十八年（平成十七年）八月

ストラディヴァリ

人間は寒くなると厚着をし、夏になると薄着になります。あるいは、どんな服を着ていこうか悩む時季もあります。当たり前のことですが、こんなことを思うのは人間だけで、ほかの動物は服を着ないので、そんなことでは悩みません。人間のことを「裸の猿」と表現する人がいますが、その通りですね。この点は、進化してきたのかどうか疑わしい気さえします。

陸上の哺乳《ほにゅう》類は、たいてい体に毛があります。夏には夏毛、冬には冬毛に生え替わります。便利なものです。そのようにして、ちゃんと暑さ寒さをしのげるようになっています。これに対して、人間には毛がありません。暑さにも弱く、寒さにも弱い。

また、けがにも弱い。毛があれば肌を少しでも守れますが、ないので非常に弱いのです。しかも目立ちます。なぜ、こんな動物が生き残ってきたのか、進化論では説明しにくいようです。皮膚病にかかった動物の子孫だという、こじつけのような説もあるくらいです。

赤ん坊は、なおのことです。全く無防備で、歩くことすらできません。猿の赤ちゃんは母親にしがみつくことができますが、人間の赤ん坊はしがみつく力もありません。また母親にも、子供がしがみつけるような体毛がありません。ですから、生まれて一年くらいは本当に無防備です。そして、できることといえば泣くことだけ。そのことに関しては、これほど泣く動物はいません。お腹《なか》が減っては泣き、出すものを出しては泣く。もし自然界なら、自分の居場所を知らせることになりますから、たちどころに危険が迫ります。

人間ほど無防備で、自ら育つ力のない生き物はないと思います。親をはじめとする周りの人たちに守られて、やっと育っているのです。それにもかかわらず、大きくなると自分で育ってきたかのように偉そうにしているのが人間です。うっかり、大切なことを忘れてしまうのです。

いまの話は生まれてから今日までのことですが、もっと長いスパンで見ても、私たちが人の世話になっていることはたくさんあります。

私は、道友社の『すきっと』という雑誌の取材で、NHK交響楽団のコンサートマスターを長年務められた堀正文さんに話を伺いました。この人は、若いころ、一年間天理教の教会に住み込んで勉強したそうです。京都の堀川高校へ入り、高校三年間も、また近くの教会にお世話になったということです。

この人が使っているヴァイオリンが、ストラディヴァリという名器なのです。このヴァイオリンを買おうと思ったら、何億という大金を払わなければなりません。しかも、めったに市場に出ませんから、ヴァイオリニストにとっては夢のまた夢の名器です。辻久子というヴァイオリニストが、自宅を売って、このストラディヴァリを買ったという有名な話もあります。

堀さんのヴァイオリンは、一七二三年に作られたもので、もう二百九十年くらいの時が経《た》っています。そして「ヨアヒム」という銘が付いています。ブラームスという作曲家が生きていた時代に活躍した、ヨアヒムという大ヴァイオリニストが使っていたので、その名前が付いているのです。私は取材の役得で、そのヴァイオリンを持たせてもらいました。

作者のストラディヴァリは三百年前に生きていた人です。ヴァイオリンという楽器は不思議なもので、製作後二百年から三百年くらいすると、一番良い音が出るのだそうです。ですからストラディヴァリは、自分の作ったヴァイオリンが最高の音を出しているときには、すでにこの世にいないのです。

いま、ヴァイオリンを製作している人は大変です。三百年経って、いま一番鳴っている名器がライバルなのです。最高のヴァイオリンを作っても、真価を発揮するのは二百年後、三百年後で、自分で聴くことはできません。ヴァイオリン製作者の夢というのは途方もないものだと思います。

しかし、考えてみると、私たちが生活するうえで使っているあらゆるものは、このヴァイオリンと同じように、長い年限伝えられてきたものばかりです。洋服も、普段履いている靴も、ストラディヴァリのような有名な名前がないだけで、私たちの祖先が、何千年も前から、あるいは何万年も前から、工夫に工夫を重ねて便利に生活できるように作ってくれたものです。そのすべてを享受しているのが、いまの私たちです。私たちはお金を払いさえすれば、当然のように電車やバスに乗ったり、レストランで食事をしたりできます。しかし、そこにはお金では買えない大きな恩があるのです。うっかりすると、そんなことは全く感じないで生活してしまいますが、一つひとつ考えてみると、本当に恵まれていると、つくづく思います。

季節の変わり目には、着る物、食べ物など、いろいろな物も変わっていきます。こうした時期に、あらためて先人の知恵に感謝し、慎みの心を持って、たすけ合いの生活をさせてもらいたいと思います。

立教百六十八年（平成十七年）十一月

一手一つ

お道の信仰者なら、「一手一つ」という言葉は聞き慣れていることと思います。その意味を、あらためて確認してみましょう。

一手一つの姿は、おぢばの祭典で真柱様のお手に合わせて柏手《かしわで》を四つ打つ、あの姿だと思います。未信の方をお連れすると、何万の人が同時に柏手を打つのを見て驚かれます。あれは誰かが合図を出しているのではなく、心で合わせているのです。大事なことは「合わせる」ということです。自分が合わせるということであって、自分が誰かに合わせてもらうということではないのです。

一手一つには、別の意味もあります。「一手販売」「一手に引き受ける」という言い方をします。この場合の一手は「すべて」という意味です。これが一手一つの心です。一人前の仕事を十人で分けて一割ずつするというのはチームワークではあっても、一手一つではないのです。

お道の最初の普請といわれる「つとめ場所」の普請の際、飯降伊蔵先生は、手間一切を丸ごと引き受けられました。普請の途中で大きなふしがあって、誰も来なくなってしまい、費用も集まりませんでした。お屋敷の方々は大変心配されました。しかし、飯降先生は「何にも案じて下さるな。内造りは必ず致します」とおっしゃった。その言葉が、どれだけ頼りになったことでしょう。事実、飯降先生は、つとめ場所の普請を担って最後まで仕上げられました。これが「一手に引き受ける」という姿です。

先日、ある人と東京で会食しました。その席で、こういう話を聞きました。

「人間には二種類ある。一つは、何かを成さねばならないとき、誰かがやってくれるだろうと考える人間。もう一つは、自分がやらねば誰がやると考える人間。大切なのは、自分がどっちに回るかです」

誰かがやってくれるだろうでは何もできません。私は、お道の御用も一手一つでご守護いただくものだと思います。そして、その一手一つは、皆で分け合うようなものではないと思うのです。やはり、自分がやらねば誰がやる、これは自分が担わせてもらうんだという心の人が寄って、できていくものでしょう。

しかし、バラバラでは困ります。一手には「違いがない」「同種」という意味もあります。「みんな一手です」と使います。一つ心で動くのが一手一つです。これはなかなか簡単なことではありません。しかし、それをさせていただくところに値打ちがあるのです。

立教百七十三年（平成二十二年）二月

Ⅱ　たすかるコツ

どんな気持ちで

おさづけの取り次ぎを受けるとき、どのような気持ちでいればいいのでしょう。一番大事なことは、信じてもたれるということです。本当にこれでたすかるのか、効くのかと思っていては、たすかるものもたすかりません。神様を信じ、もたれて、受けさせていただくことです。

たとえば、教会の参拝場で長時間座る場合、どうすれば一番楽でしょう。柱や壁にもたれればいいのです。そのとき、「この柱は倒れるかもしれない」と思ったら、もたれられませんね。大丈夫と信じて、もたれるから楽なのです。その都度、大丈夫かどうかと確認しないのです。

おさづけも同じです。心配しながら取り次ぎを受けていては何にもなりません。澄んだ心で、素直に受けていただきたいのです。

もう一つ大切なことは、教えの実行を心定めすることです。ただご守護をお願いするだけでなく、神様にお受け取りいただけるような教えの実行に努めていただきたいのです。

ただし、神様と取り引きをしてはいけません。

「たすかったら、こうさせていただきます」

「治ったら、これを実行させていただきます」

これは取り引きです。信じて、もたれている姿ではありません。

病院で手術を受けるとき、「たすかったらお金を払うけれども、失敗したら払わない」という人はいませんね。成功か失敗かにかかわらず、誰もがお金を払います。手術台の上で注射の値段を聞いたり、値切ったりする人もいないでしょう。

信じて、もたれ、心定めをする。澄んだ心で、取り引きをしない。そのような気持ちになるところに、鮮やかなご守護を頂戴《ちょうだい》することができます。肝心なのは、こちらが親神様にたすけていただけるような心になって、おさづけの取り次ぎを受けるということです。

立教百六十六年（平成十五年）四月

心の栄養

最近、大学時代の友人と三十年ぶりに再会しました。

高校の校長を五年務め、あと二年で定年退職とのことでした。

「定年退職したらどうするんや」

「悠々自適の生活や。あんたは、いつまでやってるんや」

そう聞き返されたので、「私はまだ若手やで」と答えました。

私は教会長として、そんなに年齢が上のほうではありません。

しかし考えてみると、私くらいの歳《とし》になって、若手だなどと言っているのは、落語家と天理教の教会長くらいかもしれません。

ある落語家が、こんな話をしていました。

「落語家は定年がないんです。ですから、何十歳になったってできる。だからといって、歳を取らないわけじゃない。目はかすんでくるし、膝《ひざ》が痛くなるし、老化現象は確実にやって来る。最近では、高座で十分しゃべったら、七、八時間寝ないと疲れが取れないんです。それを見かねて、新橋に住んでいる医者の友人が、『これを飲みなさい』と薬をくれました。骨が強くなる薬だというので、素直に一日一錠飲んでいた。しかし、この歳になって飲み始めて、効果が出るのはいつかと考えると、おそらく骨《こつ》揚《あ》げのときです。焼き場で『丈夫な骨だねえ』と褒《ほ》められてもしょうがないと思って諦《あきら》めた」

お年寄りには、薬をたくさん飲む人が多いですね。薬だけではなく、サプリメントと呼ばれる栄養補助食品をさらに摂《と》ったりもする。鞄《かばん》が薬でいっぱいという人もいます。

体はそうやって薬で補っていますが、心はどうでしょう。心の栄養は、いったいどんなサプリメントを摂っているのでしょうか。私は、心にも栄養が必要だと思うのです。そして、心の栄養補給には、教会へ足を運ぶことが一番だと思います。なぜかと言えば、教会ではどんなに歳を取った人も、自分が何かをしてもらう話ではなく、させていただく話を聞くからです。お世話になる話じゃない。お世話をする話なのです。だから教会長も信者さんも、信仰する人は、みな若いのだと思います。

信仰に定年はありません。おつとめも、ひのきしんも、にをいがけも、おたすけも、何歳までという年齢制限はないのです。しかも実行したら実行しただけ、神様からご守護を頂くので、ますます元気になるのです。有難いですね。

私は、その同級生から「もうすぐ定年で悠々自適」と聞いたとき、「羨《うらや》ましいな」と返事をしました。でも、本当は羨ましくないのです。定年がないほうが、どれほど素晴らしいか。やることがない人生ほど、つまらないものはありません。お道は出直すまで成人できます。共々に、いつまでも青春で、元気で教えを学ぶ者、道を求める者として歩ませていただきましょう。

立教百七十四年（平成二十三年）十月

ほこり

お道には、罪や罰、あるいは戒律といったものはありません。代わりに、「心のほこり」というものを教えていただいています。どんな人間でも、ほこりを積まない者はありません。ほこりは吹けば飛ぶようなものですが、そのまま放っておくと、いつの間にか、少々のことでは掃《は》いても拭《ふ》いても取れなくなってしまいます。そうならないように、いつも「神を箒《ほうき》として、ほこりを払う努力をしなさい」と教えてくださっているのです。

教祖は「八つのほこり」をお教えくださいました。「をしい・ほしい・にくい・かわい・うらみ・はらだち・よく・こうまん」の八つです。「八つのほこり」は、別席

のお話を基本に、そこからいろいろな思案の仕方ができるでしょう。これもその一つです。順番に見ていきましょう。

まず「をしい」と「ほしい」です。「をしい」と「ほしい」の元の心づかいは何かというと、「物を大切にする心」だと思います。物を大切にする心の度が過ぎると、出し惜しみ、骨惜しみをする「をしい」の心になるのです。「ほしい」の心もそうです。もし世の中に、自分のほしいものがなかったら、きっとつまらないことでしょう。「ほしい」心があるのは有難いことですが、「人より余計にほしい」では困るのです。

この「をしい」と「ほしい」は、人間が最初に使う心だと思います。赤ん坊は生まれて初めて何をするかというと、物を摑《つか》むのです。そして、摑んだ物をなんでも口のなかに入れます。「をしい」と「ほしい」は、この心なのです。私の子供が小さいときに、シャボン玉の吹き方を教えるのに苦労した覚えがあります。「フーッ」と吹く、小さい子供はこれができません。どうしても吸ってしまうのです。

次に「にくい」「かわいい」「うらみ」。この三つは、人に対して使う心です。もともとは「人を好きになる」という良い心なのです。好きになったら、その人のために尽くしたいと思うようになります。その対象は異性だけでなく、たとえば、お世話になった人の場合もあるでしょう。

好きになるのは良い心です。しかし、度が過ぎると身贔屓《びいき》が出たり、自分の子供が特別可愛《かわい》くなって人に迷惑をかけたりする。「かわい」というのは、そんな心です。「にくい」と「うらみ」は、この「かわい」の度が過ぎたものです。そもそも、通りがかりの知らない人を憎いと思う人はいませんね。会ったばかりの人を恨むこともないのです。つまり、身近な人が「にくい」「うらみ」の対象となるということです。まず「にくい」心になり、その思いが溜《た》まっていくと「うらみ」になるのです。この心づかいは幼いころにはありません。歳《とし》を取ると、だんだん使うようになります。三つ四つの子供が、人を恨んだりはしないのです。

「はらだち」の心。これも人に使う心づかいです。この心づかいの元は何かというと、「正義感」だと思います。自分は間違っていないと思う心が「はらだち」につながるのです。正義感があるのは、悪いことではありません。正義感があるから、他人のために何かしてあげなければと思うのです。ただし、度が過ぎると「はらだち」になります。世の中の間違っていることが許せない。そういう思いを「義憤」と言います。「憤死する」という言葉もあります。「はらだち」のあまり死んでしまうのです。

最後に「よく」と「こうまん」。「よく」は「ほしい」とどう違うのでしょう。「ほしい」よりもさらに強い思いです。この二つの元は、「向上心」だと思います。「こうなりたいな」「あんなスポーツ選手になりたいな」といった気持ちです。また、プライドでもあります。プライドが良いほうに働けば、人間は向上するものです。しかし、度が過ぎると「虚栄心」になったり、「欲の塊《かたまり》」になって、人の物でもほしいというような心になってしまう。これは大きなほこりです。「おふでさき」のなかでも、ほこりの心の全体の代表として「よく」という言葉が使われます。

「こうまん」の心は、子供のころにはあまりありません。これは中年以降、よく使う心づかいです。人間は歳を重ねるとともに、食欲や物欲がだんだん少なくなっていきます。最後に残るのは「虚栄心」。人を見下す心です。歳を取っても使うのは、この心です。特に、若い者を見下す虚栄心は最後まで残ります。二つ三つの子供が、そのような心は使いません。

こうした心を使わないようにと思っても、ほこりはいつの間にか溜まるものです。だから、払う努力をするよう教えられます。そのためにあるのが、神様の御用だと思います。「よくをわすれてひのきしん」と「みかぐらうた」にあるように、神様の御用をすることによって、自分のなかに積もったほこりの心が消えていくのです。そうすると素直な心になる。素直な心になると、目の前にあるのに気づかなかった綺麗《きれい》なものが見えてくるのです。

たとえば、私たちは物事に感動することがあります。花火を見て感動する、人の行いに感動する、映画やスポーツを見て感動する。ところが、ほこりだらけになって心が濁ってくると、感動しなくなります。心が動かなくなるのです。それが高じると、頑固ジジイとか頑固ババアと言われるようになります。人の言うことを聞かない。すべて自分本位で考える。知らない間に、こういう心になってしまうのです。頑固を目指す人はいないでしょう。気をつけたいと思います。

教祖は、「八つのほこり」以外に「うそとついしよこれきらい」とおっしゃっています。それなら、十のほこりにしたらいいではないかというようなものですが、そうはなっていません。なぜなっていないのかは神様しか分かりませんが、一つ理由があると思います。「うそ」と「ついしよ」は自覚できるのです。嘘《うそ》をついているかどうかは、自分が一番分かります。「ついしよ」とは「おべっか」ですが、これも自分で分かります。八つのほこりは、「そんな心は使っていない」と思っていても使ってしまう心。しかし「うそ」と「ついしよ」は分かる。そこに違いがあるように思います。

お互い、ほこりは必ず積みます。ほこりは避けよう、積まないようにしようと思っていても、いつの間にか溜まってしまう。それを神様の御用を通して払わせていただく。そうやって通っていけば、いつの間にか、ほこりの心が払われて、陽気ぐらしのできる澄んだ心になっていくのです。

立教百七十五年（平成二十四年）一月

露見しなければ

ここ数年、建物の耐震強度や食品の消費期限を偽装しては、バレてお詫《わ》びをするといったニュースが増えています。誰も相手にしないような会社が嘘《うそ》をつくことは昔もありましたが、いまは有名な大企業までもが消費者を騙《だま》すようになってきました。

考えてみれば、昔は特に信仰していなくても「お天道《てんと》様が見ておられる。だから悪いことをしてはだめだよ」と言われて育ち、誰も見ていないところでも、すべてを見通している存在があるということを、皆がなんとなく知っていたのです。最近では、太陽が人間を観察しているわけではないことを誰でも知っているので、バレなかったらいいと思っているのです。しかし実際には、すべて露見するのです。なぜなら、親

神様が見ておられるからです。

　月日にわどんなところにいるものも
　むねのうちをばしかとみている　（十三　98）

と「おふでさき」にあります。結局、隠し通せるものではないのです。

これは何も商売だけの話ではありません。たとえば、大リーガーのバリー・ボンズ選手が、大記録まであと少しというときに、ステロイドを使用していたことが発覚して波紋を投げかけました。ステロイドには疲れを取ったり、筋肉を増強したりするなどの効果がありますが、副作用としてガンや心臓病、肝機能障害を引き起こしたり、生殖機能を喪失させたりする非常に危険な薬物です。しかし、こうした薬物を使用してでも良い記録を残したいという選手がたくさんいます。自分の体だから多少傷んでも自己責任だと言って、あまり厳しい規制はなかったのです。

オリンピックは、薬物の規制が厳しいことで知られています。健康上の問題、倫理上の問題、スポーツの公平さを保つという観点で、ドーピング検査を以前から行っています。それでも競技者とオリンピック協会は、常にイタチごっこです。新しい規則を作ると、それを破る人が出てくるのです。ステロイドにしても、検出可能な検査法が開発されたので分かるようになったのです。そうすると次に、それでは検出されない男性ホルモンが使用されるようになります。さらに研究が進んで、それも分かるようになると、また新たな薬を開発する。こんなことを繰り返しているのです。

かつて、アメリカのあるスポーツ誌が、トップ選手を対象にアンケート調査を行いました。内容は、「オリンピックで金メダルを獲《と》れるなら、五年以内に死ぬと分かっていても薬を使うか」というものでした。これに対して、五二パーセントの選手がイエスと答えたということです。

アメリカでは、ステロイドを使用したことのある高校生が百万人を超えたという報告が出ています。日本でもインターネットを通じて簡単に手に入るため、使用する人がかなりいるそうです。スポーツで好成績を残したい人だけでなく、筋肉質の体に憧《あこが》れて、サプリメントとして使う人が増えているのです。

一番の問題は、「バレなければよい」「自分の体なのだから、他人にとやかく言われる筋合いはない」という考え方です。

私たちは、親神様が見ておられることを知っています。自分がしたことの結果は必ず出るのです。親神様は、その人の心づかいにふさわしい結果をお見せくださいます。

また、「自分の体だから」というのは間違いで、人間からすれば、体は神様からの借りもの、心だけが自分のものなのです。その心一つで、どんな結果も現れてくるのです。素晴らしいご守護を頂ける人生も、どん底に落ち込んでいくような人生も、すべては自分の心次第。人の目がどうこうではないのです。

私たちは、親神様のご存在とご守護を知っています。そして、親神様に受け取っていただく道を教えていただいているのです。どんなことからでも、親神様に喜んでいただける道を歩ませていただきましょう。

立教百七十年（平成十九年）八月

けがも財産

平成二十年、春の選抜高校野球大会に天理高校が三年ぶりに出場して、ベスト8まで進出したときのことです。その陰で、前年までエースナンバーの一番をつけていたピッチャーが、甲子園大会の直前に肩を壊し、ベンチにも入れないでアルプススタンドから懸命に応援しているというので、テレビで何度も取り上げられ、その姿がアップで映し出されました。

実は、その選手は河原町大教会の所属でした。私も会って励まし、おさづけを取り次がせていただきました。ある日、朝起きて、ふと手をついたら、その瞬間から痛みが走って肩が上がらなくなり、以来、全く投げることができないとのことでした。彼

は前年の秋に行われた県大会や近畿大会で活躍していたので、甲子園出場を本当に楽しみにしていたと思います。どれくらい残念な思いをしたことでしょう。しかし、これもふしです。ふしで心を倒す人もいれば、芽を出す人もいます。私は彼に、こんな話をしました。

「これは、君にとって財産だ。大きな宝を頂戴《ちょうだい》したのだ。まず、これで肩が治って投げることができるようになれば、投げること自体をうれしく感じられる。野球ができる喜び、健康の喜び、いままで味わったことのない喜びを、君はこれから味わえるようになるんだ。

また、今回のことで、全国の人たちから励ましてもらったね。チームメートをはじめ、大勢の人たちから声を掛けてもらった。みんな、君が活躍することを期待してくれる。こんな幸せなことはない。つらい思いをしたけれども、このふしは、これからの人生にとって大きなプラスになる。だから、喜ばせてもらおう」

そのときに、併せて私を育ててくれた母の話をさせてもらいました。母は昔、日本を代表する水泳選手でした。当時、一〇〇メートル、二〇〇メートル、四〇〇メートルの自由形で、日本記録を出すような大活躍をしました。ところが、目標にしていたオリンピック直前に病気になり、出場を断念せざるを得なくなったのです。母にとってはは大ふしだったと思います。そのなかを、二代真柱様に励まされて心を持ち直し、アジア大会の日本選手団の選手団長を務め、引退を延ばして出場した奈良国体で日本記録を出し、優勝して花道を飾りました。

その後、わが家へ嫁に来ました。オリンピック出場を断念するというふしがなかったら、おそらくこの教会へ来ることもなかったでしょう。ふしを乗り越えて、人だすけの御用に生涯お使いいただいたのです。

また、これは二、三日前に聞いた話です。教祖年祭を楽しみにしている七十三歳のご婦人がいました。教会の月次祭に欠かさず参拝し、お供えもし、にをいがけもして、いよいよ教祖年祭に帰参しようと勇んでいました。その矢先、自転車で転んで股《こ》関節を骨折し、入院して手術をすることになってしまったのです。婦人はそのとき、せっかく信仰してきたのに、どうしてこんなことになるのかと心を倒しかけました。しかし、会長さんに励まされ、心を持ち直したそうです。その後、二カ月で退院、杖《つえ》をつくこともなく歩けるご守護を頂きました。さらにうれしいことに、長年腰を患っていた息子さんのコルセットが取れるというご守護を頂き、そのうえ付き合っていた女性と結婚。いままで一回もおぢばへ行ったことがなかったのに、「お母さん、おぢばへ行こう」と誘ってくれて、一緒におぢば帰りをしたそうです。息子さんは教会の月次祭にも欠かさず参拝するようになり、お嫁さんも「私もぜひ、おぢばへ帰りたい」と言ってくれて、今年の夏は三人でおぢば帰りするのを楽しみにしているということでした。

たとえ、そのときはつらくても、私たちの身に起こるすべてのことは、陽気ぐらしをさせてやりたいという親神様の親心からお見せくださることなのです。

けがをしている人や病気の人に「有難い」と言えるのは、私はお道だけだと思います。その「有難い」は、嘘《うそ》でも、やせ我慢でもありません。本当にたすけていただいているのです。親神様は、その人が通れないような道をわざわざ通らせることはありません。だから、どんなことがあっても、まず「有難い」と思う。何が有難いのか、どう有難いのかは、それから思案させてもらえばいいのです。そこに必ず神様の〝たすけの綱〟があります。そこに込められた親心を探り、をやの思いにお応えする動きをすることが大切なのです。

立教百七十一年（平成二十年）四月

サンタのような人

『すきっと』九号に登場したキム・ジョンテという韓国の俳優がいます。彼が出演した『友へ　チング』という映画は、韓国映画界のあらゆる記録を塗り替えるほど大ヒットしました。その後、日本でも話題になった『僕の彼女を紹介します』という映画にも出演しています。

この人は、お道の信仰者でようぼくです。彼はインタビューのなかで、「どんな俳優になりたいですか?」という質問に対して、「どんな俳優になるかよりも、どんな人間になるかということが大事」「自分はお道を信仰しているおかげで、どんな人間になればいいかということを教えていただいている。こんなにうれしいことはない」

と答えています。また、「自分は親神様に約束をしている。自分はサンタクロースのような人になりたい。なぜなら、サンタクロースは、ほかの人にプレゼントをするばかりで、自分は全くもらわないからです」と言うのです。私は、大変すがすがしい感動を覚えました。なるほど、サンタクロースはいつも人に物をあげてばかりです。そんな人になりたいとは、実に素晴らしい若者だと感心しました。

そこで、サンタクロースの話をしたいのです。サンタクロースは、どこに住んでいるのかご存じでしょうか。トナカイの引く橇《そり》に乗ってやって来るので、北のほうに住んでいることになっています。最初に名前が上がるのが、北極圏にあるグリーンランドです。サンタクロースのモデルは、聖ニコラウスというキリスト教の聖人だといいますが、北欧にはもともと、サンタクロース伝説の元となる神話があり、それらと結びついて誕生したようです。

その後、一九二五年にフィンランドの新聞が、「北極の食糧不足でトナカイに餌《えさ》をやれなくなったので、サンタクロースはフィンランドのラップランドに引っ越した」

と発表しました。以来、サンタクロースはラップランドのサンタクロース村に住んでいることになっているそうです。

しかし、スウェーデンでは一九八四年、ムーラ市にテーマパーク「サンタワールド」が誕生して、そこにサンタクロースが定住していることになっています。ほかにもノルウェーだという説もあるし、日本の北海道の広尾町にもサンタランドというのがあるそうです。いろんな説があるのですね。


サンタクロースの定住場所の有力候補、フィンランドの中央郵便局の統計によると、サンタクロースへの手紙が世界中から年間約七十万通届くそうです。一番多いのがイギリスからで、十三万通。二番目が日本で十万通、全体の約一四パーセントです。

一方、サンタクロースから手紙をもらうこともできるそうです。フィンランドのラップランドのサンタクロース村に申し込むと、返事をくれるのです。一通当たり、一千二百六十円かかるということです。お金をもらわずにプレゼントを配り回っているサンタさんからすると、本意ではないかもしれませんね。

いずれにしても、フィンランドの中央郵便局を経由して、世界中へ約十六万通が配達されるそうです。そのなかで、返事を最も多くもらっているのはどの国かというと、実は日本なのです。全体の三五パーセントに当たる五万六千通。二番目が地元フィンランドの四万七千通で、約二九パーセント。この二つが大半で、ほかの国から手紙を出している人は、あまり返事をもらおうと思っていないのです。日本人は返事が欲しいのですね。見返りを求める心の強さが表れているようで、ちょっと残念です。

教祖は、

わかるよふむねのうちよりしやんせよ
人たすけたらわがみたすかる　（三　47）

と、お教えくださいました。ひょっとすると、このお歌の意味を、自分がたすけてほしいと思う人は人をたすけなさい、つまり見返りを求める気持ちで人をたすけたらよい、ということだと思っている人がいるかもしれません。そうではないのです。

教祖は「よくをわすれてひのきしん」と仰せられました。欲をなくすことは難しいものです。しかし、忘れることはできます。「あそこが痛い」「ここが痛い」「こんな事情で困っている」というような悩みや苦しみも、心のなかから全くなくしてしまうことはできません。けれども、それらを一度横に置いて、人だすけに没頭していると、ふと自分の悩みや苦しみを忘れていることに気づくものです。それが、すでにたすかっている姿なのです。しかも親神様は、その心づかいや態度を大きく受け取って、一粒《りゅう》万倍の守護をしてやろうとおっしゃるのですから、こんなに結構なことはありません。

思わず知らず、人のために祈る。われを忘れて人のために願う。これが大事なのです。いま、病気や事情の真っただ中にいる人は、人のことなど、とても考えられないのかといえば、そうではありませんね。そのような状況でも、おたすけの心を持つことによって、ご守護を頂戴《ちょうだい》することができるのです。元気であれば、なおのことです。最初にお話ししたキム・ジョンテさんではないですが、サンタクロースのような心の人にならせてもらいたいものです。

立教百七十年（平成十九年）四月

おぢばの力

私の親友が東京で教会長をしています。その教会の信者さんの話です。

その人は病気で半身不随になり、車椅子《いす》生活を余儀なくされました。不足不満の毎日を過ごすうちに、全くの鼻つまみ者となり、周囲の誰からも相手にされなくなったそうです。

あるとき、たまたま寿司《すし》屋で愚痴《ぐち》をこぼしているところに同席した夫婦が、この教会の信者さんでした。男性は、夫婦におぢば帰りを勧められましたが、その気は少しもありませんでした。しかし、「神様のことは信じなくていいから、リハビリだと思って行ってみては」と、何度も修養科を勧められるうちに、心を動かされて、おぢば

へ帰ることになりました。

男性は当初、「リハビリに来たのだから」と、ひのきしんを全くすることもなく、お話もほとんど聞かなかったそうです。ところが一カ月、二カ月と経《た》つうちに、神様のお話は聞かずとも、周りの人が毎日親切にしてくれるので、いつの間にか教えが心に響いてきたのでしょう。三カ月目には、「体は動かないけれど、何かさせてほしい」と言うまでになったのです。そこで、詰所で放送係をすることになりました。しかし、体が良くなることはありませんでした。

男性は修養科を修了して東京へ帰ると、早速、教会へ参拝に行きました。このまま元の生活に戻ったらだめになると思い、教会にお願いして、しばらく住まわせてもらうことになりました。ほかの人と同じように、おつとめやひのきしんはできないので、修養科のときと同じように放送係を担当することになりました。毎朝「皆さま、おはようございます。本日は○月○日、今日も勇んでつとめましょう」と、男性の声が教会内に響く日が続きました。

そうこうするうちに、不思議なことに体が動くようになったのです。男性はうれしさのあまり、今度は近くの都電の駅の便所掃除をしようと思いました。そこで都電の事務所や駅長さん、近くの交番にも事情を説明して、毎日夜中の二時から便所掃除をさせてもらうようになりました。

その姿を見た人が、「あの文句ばかり言っていた人が、動けるようになったばかりか、人の見ていないところで掃除をするようになるとは」と感動し、自分も修養科を志願してきたのだそうです。

この男性は、知らずしらずのうちに、たすけていただいたのです。気がついたら体が動くようになり、便所掃除をしたくなるような心になっていた。文句ばかり言って人の世話になっても喜べなかった人が、夜中の二時に便所掃除をして喜ぶようになった。そして、その姿に感激した人が、修養科に行きたいと思うようになった。つまり、この男性は、おたすけをするようになっていったのです。本人が自覚していたかどうかは分かりませんが、そこまで身も心も生まれ変わったのです。

『天理時報』にも、こんな素晴らしい記事がありました。ある高校生の話です。この人は生まれながらに目が不自由で、片方の目だけ微《かす》かに見えるそうです。ですから、今日まで物にぶつかるなど、いろいろ大変なことがありました。しかし、周りから「不自由でしょう」と心配されても、そうは思わなかったそうです。なぜなら、生まれたときからそうだからです。それが彼にとっての普通であり、苦痛に思わなかったのです。

ところが「学生生徒修養会」に参加して、気づいたことがありました。自分の境遇に不自由さを感じたことはなかったが、喜びも感じていなかった。喜ぶことを「学修」で教わり、さらに人に声を掛けて元気づけることを学んだのです。この人の母親は「あなたの目が不自由なのは、目の不自由な人の心が分かり、おたすけができるように、神様がそうしてくださったのよ」と言ったそうです。これからは、それを実践して人をたすけさせてもらいたい、という話でした。

もう一つは、里親に預けられた女の子の話です。その子は、父親に虐待され、両親は離婚し、父方の祖父母のところに預けられたそうです。それでも父親の虐待がやまないので、かわいそうに思った祖父母が、離婚した母親に預けました。すると今度は、母親からも虐待を受けたのです。次に叔母のもとに預けられたのですが、その叔母が手術することになり、里親をしている教会に預けられることになりました。

教会では子供同士でよく話すのですが、大人には不信感を抱いており、嫌われたくない一心で、かわいそうなくらい言うことを聞こうとしたそうです。そのため、子供らしい姿はほとんど見せませんでした。

その子が、今年の「こどもおぢばがえり」に帰ってきました。そして、ほかの子供たちと一緒に参加しているうちに素直な心になったのでしょう。旗を持って先導していた会長さんのところへ駆け寄って、「お父さん！」と言って、手を握って一緒に歩くようになったということです。

おぢばには、そんな大きな力があるのです。どんな人でも、こうして変わることができる、それがおぢばなのです。

立教百七十一年（平成二十年）八月

思い通りになったら…

「とかく、この世はままならぬ」と昔から言いますが、「自分の思い通りにならない」と嘆いている人が多いようです。最近、凶悪事件が連続して起こるのも、世の中が自分の思い通りにならないことへの怒りや苛立《いらだ》ちをぶつけている姿のようにも見えます。

しかし、もし思うようになったとしたら、どうでしょう。世の中は無茶苦茶になるのではないでしょうか。たとえば、梅雨の時期は雨で一日中ジトジトするので嫌だという人は多いと思います。だからといって、梅雨をなくしてしまえば、夏は水不足で困らねばなりません。

同じように、日本の夏は暑すぎるから涼しくなってほしいと願って思い通りになったら、冷夏で米が穫《と》れないのです。台風が来ると被害が出るから来なければいいと願って思い通りになれば、やはり水不足で困らねばなりません。どんなことも私たちの思うようになったなら、果たして幸せな生活が送れるでしょうか。

実は、思うようにならないから良いのです。すべては、親神様が私たちの将来に一番良いようにと、ご守護くださっているのです。考えてみれば、人間の親子関係も同じです。子供の望み通りにしてやりたいと思うものの、時には辛抱を教えなければならないこともあります。口うるさくならなければいけない場合があるのです。

娘が小さいころ、高熱を出すと熱性痙攣《けいれん》を起こすことがありました。初めてそうなったときは、びっくりしました。死んだのではないかと思うほどの状態になるのです。私も同じように両親に心配をかけてきたことを、あとで聞いて知りました。

痙攣を何度も繰り返すのは良くないとのことで、熱が出たときのために医師から座薬を処方されました。座薬は湿らせると簡単に入ります。当時はそのことを知りませんでした。妻と二人で娘を押さえつけて、無理やりお尻に入れました。娘は「誰か助けて、お尻が割れる」と叫びました。しかし親を恨んだかといえば、そんなことはありません。親は自分に一番良いようにしてくれているということが、子供心に分かっていたからです。

親神様と私たちの関係もそうなのです。私たちは幼児と同じです。思い通りにしてほしいと願いますが、その通りになったら大変なことになるのです。親神様は、私たちの親です。一番良いようにしてくださっているのです。

私の子供が座薬を入れられたときのように、やっぱりつらいときはあります。その場だけ考えれば、勘弁してほしいと思うときはあるのです。病気や事情で苦しんでいるときが、まさにそうです。しかし親神様は、そうしたふしを与えてまでも、その人の将来に一番良いようにしてくださっているのです。

梅雨の時期は鬱陶《うっとう》しい。けれど、梅雨がなくては困ります。同じように、病気や事情は鬱陶しくて、つらくて苦しい。けれど、これでたすけてもらえるのだと信じて、神様にもたれて通っていただきたいと思います。

立教百七十一年（平成二十年）六月

陽気ぐらしの情報

いまは、あらゆる情報が簡単に手に入ります。ひとたびインターネット上で何かを発信すると、アッという間に世界中へ広がるようになりました。昔はせいぜい、自分の住んでいる村や町の話題しか入ってきませんでした。世の中で何が起こっているのか、世界で何が起こっているのかということは、ほとんど分からなかったのです。ところが最近は、テレビ、新聞、雑誌、インターネットなどを通じて、どう選択すればいいのか悩むくらい情報が溢《あふ》れています。

私は、情報には「必要な情報」「知っておいたほうがよい情報」「不必要な情報」の三つがあると思います。「必要な情報」とは、たとえばパン屋さんにとっての小麦粉

の値段のように、職業上、必要なものがあるでしょう。個人で言えば、自分の名前や生年月日は基本情報です。

自分の配偶者、親、お世話になった人の生年月日は、絶対必要とは言えません。しかし、知っておいたほうがよい情報でしょう。お世話になった人に、「おめでとうございます」と言えば、喜んでもらえますね。

アメリカの大統領の生年月日は、別に知っておく必要はありません。世界中の人々の生年月日を覚える必要もないわけです。

このように、同じ生年月日でも、知っておかなければならないものも、知っておいたほうがよいものも、知らなくてよいものもあるのです。私たちは、それらの取捨選択を自然に行っています。

昔、失敗したことがあります。何かといえば結婚記念日です。既婚の方は、自分の結婚記念日を覚えているでしょうか。これは不可欠な情報ではないけれども、覚えておいたほうがよい情報ですね。私も覚えておいたほうがよかったのですが、うっかりしていたのです。

あるカップルに仲人を頼まれたときのことです。式の日取りが決まって、二人が報告に来てくれました。「五月三十一日になりました」と言うので、「それは良かった、おめでとう。たしか、私たち夫婦もそのころ結婚したんだ」と、こう言ったのです。

すると、妻が横から「そのころとは、どういうことですか」と口を挟むのです。

「そのころと違ったか」と聞くと、妻が言いました。

「そのころではなく、その日です」

私のなかでは長らく、五月三十日なのか三十一日なのか、はっきりしていませんでした。あまり大事な情報だと思っていなかったのです。

「そうか、三十一日、その日そのものや。縁があって結構やな」と言って喜んだのですが、二人が帰った後、妻に叱《しか》られました。知っておかなければならない情報だったのです。

大事な情報、必要な情報というのは、自ら求めなければ入ってこないものです。たとえば、野球選手が、対戦相手のピッチャーが投げる球種を知りたくても、その情報は勝手に入ってきません。自分で真剣に求めるから知ることができるのです。

これに対して、不必要な情報は、求めなくてもいくらでも入ってきます。タレントの誰と誰とが離婚したとか、誰それがお酒を飲んで失敗したというようなことは、その手の話題に興味のない私でさえ知っています。テレビや新聞を見ているうちに、自然と入ってくるのです。けれども本当に必要な情報は、そんなふうには入ってきません。

ようぼく、信者にとって必要な情報を得るには、どうすればいいのでしょう。それは、教会へ足を運ぶことです。教会へ足を運べば、まず親神様、教祖に、その心をお受け取りいただけます。そして、大事な情報を得ることができます。

また『天理時報』には、私たち道の者に必要な情報と、知っておいたほうがよい情報が掲載されています。真柱様のお言葉、いまお道はどう動いているのか、あるいは不思議なご守護を頂いた話、苦労のなかを通った先人や教友の道すがら、こうしたことを知ることによって、私たちは指針を得、感動を味わい、信仰の糧《かて》にすることができるのです。

教会へ足を運ぶ。おぢばへ帰る。『天理時報』を購読する。これからも、自ら求めて成人の道を歩ませていただきましょう。

立教百七十二年（平成二十一年）五月

分かる

「分かる」という言葉は、辞書を見ると、「理解する」「承知する」「了解する」「判明する」といった意味があります。「窓を閉めてね」「分かった」、「ご飯できたよ」「分かった」、「勉強しなさいよ」「分かった」と、こんなふうに使いますね。珍しい使い方としては、「話の分かる人」という表現があります。辞書には、こうしたことが書いてあります。しかし載っているのは、ここまでです。

私は「分かる」という言葉には、もっと深い意味があると思うのです。それは「納得する」とか、「得心する」という意味です。そういう意味が、この言葉には確かにあったはずなのです。辞書だけではありません。いまの若い人たちに、この意味の

「分かる」は通じないのではないかと思うことがあります。それでもなかには、心にしっかり治まっている人もいるようです。

全盲のピアニスト、辻井伸行さんが、アメリカのヴァン・クライバーンピアノコンクールで優勝しました。彼がそのときの記者会見で話した内容に、私は心を打たれました。「もし、一日だけ目が見えるとしたら、何が見たいですか？」という質問に対して、「両親や友人の顔が見たい」「海とか花火が見たい」などといくつか答えを挙げた後で、「でも、心の目で見ているから、いまのままで十分です」と言ったのです。私は驚きました。この二十歳の青年は、生きていることの素晴らしさ、ご守護の有難さが分かっているのです。

親神様は、

めへ〳〵のみのうちよりのかりものを
しらずにいてハなにもわからん　（三 137）

と仰せくださいます。いま私たちは、こうして元気な体を貸し与えていただいています。たとえ病気であっても、事情に悩んでいても、親神様のご守護をすでに十分頂いています。このことが有難いということを、本当に分かっているでしょうか。

わかるよふむねのうちよりしやんせよ
人たすけたらわがみたすかる
（三　47）

ここで仰せられる「分かる」は、「窓を閉めてね」「分かった」というような意味ではないのです。心の底から、ああそうやなあ、本当やなあ、と得心することなのです。なぜ、人をたすけたら自分がたすかるのか。これは実行しなければ分かりません。やってみて初めて分かるのです。それが分かったら人生の意味が分かる、人生の目的が分かる。そして、幸せを実感できるのです。かしもの・かりものの理が分かり、おたすけの値打ちが分かる人間に成人させていただきましょう。

立教百七十二年（平成二十一年）六月

たすかるコツ

お道の先輩方は「身上・事情は道の華」と言いました。病気に苦しんだり、事情に悩んだりするのが、なぜ華なのか。先人の多くは病気をご守護いただいたり、事情の悩みをたすけていただいたりして、この道を信仰するようになりました。だから、つらい病気も事情も、陽気ぐらしへのお手引きだと思えば有難いと喜べた。考えてみれば、確かに「道の華」なのです。

病気や事情で苦しんでいるときは、人間が素直になれる機会だと思います。元気で順調なら聞く気になれないことも、あらためて聞こうという気持ちになります。たすかるチャンスだと思うのです。

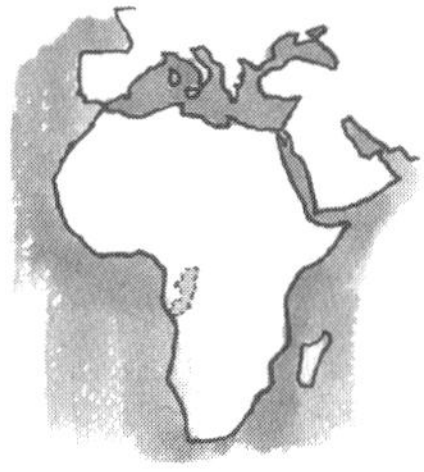

ドイツのケルン大学のロベルト・ギュンター名誉教授が、大学の雅楽アンサンブルを引き連れて来日し、河原町大教会の月次祭に参拝されたときのことです。神殿講話が終わり、おさづけの取り次ぎを受ける行列の最後尾に並ばれました。そして順番が来ると、こう尋ねられました。

「私はクリスチャンです。クリスチャンの私にも、そのお願いをしてもらえますか?」

私は「この教えでは、人間は生まれたときから、みんな親神様の子供であり兄弟姉妹《きょうだい》だと教えられています。キリスト教徒であろうと、仏教徒であろうと、イスラム教徒であろうと、なんの問題もありません」。そうお答えして、おさづけを取り次がせていただきました。

後日お会いしたとき、「あれで本当によくなりました。たすけていただきました」と、お礼を述べられました。私は素直な方だなと思いました。

母親が子供に物を食べさせるときに「あーん」と言いますね。何が入るのか分からないけれど、子供は口を開けるのです。これが素直な姿です。

素直ということで、私がいつも思い出すのが、大教会のある役員のことです。

あるとき、その役員の嫁いだ娘の家族が、アフリカのコンゴの教会へ行くことになりました。娘には四人の子供がいて、一番上は小学一年生、次が幼稚園、一番下はまだ赤ちゃんでした。この役員は、かつて三年半ほどコンゴで暮らした経験があるので、現地の様子をよく知っていました。気づかぬうちに、赤ん坊の毛穴に虫の卵が産みつけられ、腫《は》れあがって、そこから孵化《ふか》した幼虫が出てくるようなこともあったそうです。それだけに、孫がかわいそうで泣けて仕方なかったのです。

空港へ見送る車のなかで、海外部の先生が「あなたはコンゴで一生懸命伏せ込んだので、子供も孫もコンゴへやらせてもらう。結構やなあ」とおっしゃった。それを聞いて、「よう言うてくれる。うれしいどころではない」と、内心思ったそうです。

空港で出発の時間が迫ってくると、いよいよつらくなって、孫たちがゲートをくぐるときは、悲しくて、たまらない気持ちになったそうです。ところが、その小学一年生と幼稚園の子供が、ゲート寸前で振り返って、「おじいちゃん行ってくるわ」と、ニコッと笑って入っていったというのです。

子供はどんな所へ行くときでも、親と一緒がうれしいのです。残されるほうが、よほどつらい。親と一緒なら、どこへでも喜んで行ける。これがたすかる姿だと思います。

病気や事情で悩むとき、自分の力でどうにかなるのなら、もうとうになっているのです。そんなときに大事なのは、この素直さですね。

また、私たちが神様の御用や、にをいがけ・おたすけをするときは、教祖がいつも手を引いてくださっているということを忘れてはなりません。教祖と一緒だと思ったら、どんな所へも行くことができます。悩む必要は何もないのです。素直、これが一番大事なたすかるコツなのです。

立教百七十二年（平成二十一年）十月

安らぎの場所

フランスでは、「パックス」と呼ばれる未婚のカップルが多いようです。そのカップルから生まれる子供が、子供全体の五〇パーセントを超えたというニュースを見ました。背景には、フランスでは離婚の際に財産分与が非常に厳しいなどの諸事情があるとのことですが、正式な夫婦よりもパックスのほうが一緒にいる期間が平均して短く、違う人と一緒になるケースが多いということです。子供から見れば、正式な家族ではない両親がいて、その多くが、別れてまた別の親と一緒に暮らすようになるということです。

アメリカでは以前から離婚率が五〇パーセントを超えていて、互いに離婚歴のある

者同士が子連れで再婚する「ステップファミリー」が増えています。それにより、子供が大きなストレスを受けることが社会問題になっています。また、実の親による子供の誘拐まで起こっています。動機は、別れた相手が幸せになることへの妬《ねた》みや、自分の子供が別の親と一緒にいるのが耐えられないということです。

つらい目に遭《あ》うのは子供たちです。お父さんとお母さんが勝手に別れてしまったと思ったら、また違うお父さんやお母さんができる、違う兄弟ができる。

以前は児童養護施設に入る子供というのは、親を亡くしたケースがほとんどでした。しかし、いまは親がいるにもかかわらず、何らかの理由で育てられないからと施設に預けられる。

家庭は本来、安らぎの場所です。その家庭がなくなったり、ストレスのたまる場所であったりするのですから、子供たちにとって受難の時代です。日本でも離婚率が三七パーセント、都会では四〇パーセントを超えているということです。フランスやアメリカの話は決してよそごとではありません。

もちろん昔も今も、たとえ別れたくなくても、生別、死別するカップルはあります。添い遂げたくても添い遂げられない人がいるのです。そして、大変な思いをしている子供たちがいる。その子供たちをたすけるのは誰か、家庭の温《ぬく》もりを伝えるのは誰かと考えたときに、教会、そしてお道の者の役割は非常に大きいと思います。教会は昔から、身寄りのないお年寄り、行き場のない若者や子供たちを預かってきました。血のつながりがなくても、一れつ兄弟姉妹《きょうだい》という教えに基づいて、大家族として一緒に生活してきたのが教会なのです。すでに里親として預かる子供の一割以上を、お道の教会が担っています。

アルバート・ロトというピアニストがいます。この人はウクライナのユダヤ人村の出身で、子供のころ親と一緒にアメリカへ移住したそうです。のちに一度だけ故郷の村を訪れましたが、旧ソ連の時代に潰《つぶ》されて跡形もなかったそうです。それを見て、二度と行きたくないと思ったという話でした。

そんななかで天理教と出合い、教えを聞き、おぢばに帰ると、みんなが「おかえりなさい」と迎えてくれる。自分にも〝ふるさと〟があったと大変感激したそうです。こんな素晴らしい教えはないと、先祖代々のユダヤ教徒からお道のようぼくになりました。

私は、人間にとっての温かい家庭やふるさとは、なくてはならないものだと思うのです。お道では、夫婦が一番大切な陽気ぐらしの基本です。夫婦が互いにたすけ合い、親神様のお目に適《かな》う夫婦となり、明るく陽気な家庭を築き上げて、これを世に映していくことが大切なのです。

立教百七十二年（平成二十一年）十二月

竹の成長

毎年、暑さと共にやって来るのが「こどもおぢばがえり」です。これは、私が少年会本部の委員長時代に出会った、ある親子の話です。

その子供さんは、とても重い病気にかかっていました。教会の団参には参加できないので、個人で参加しようと、お母さんがその子を抱いておぢばへ帰ってこられました。そして、こどもおぢばがえりの行事受付に来て、「子供が病気ですが、どうしても参加したい。神殿で参拝してプールを見学したいんです」と言われました。そういうことならと、係の者が二人を先導して本部神殿で参拝し、プールを見学して、その後、帰参報告に記入して自宅へ戻られました。後日、少年会にお礼状が届きました。

「おかげさまで、子供の病気をご守護いただきました」と書かれていました。暑いさなか、それも重い病気ですから、おぢばへ帰っても、どの行事にも参加できません。それでも、この母親は子供を抱いて帰ってきました。以前に参加した楽しさが忘れられず、どうしてもこどもおぢばがえりに行きたいというわが子の思いを叶《かな》えてやりたくて、親子で帰ってきた。親神様は、その心を真実とお受け取りくださって、子供をたすけてくださったのです。こんな大きなご褒美《ほうび》をもらったということがありました。

教祖は「ふしから芽が出る」と教えられました。竹が節ごとに伸びていくように、ふしから芽が出て、そこから陽気ぐらしへと導いてくださるのです。病気やけがを悲観することはないのです。そのときに、どのような心で通るかが大切なのです。

竹には初めから節があります。竹は芽を出してから、およそ四十日で一五メートルから二〇メートルにまで成長します。すべての節に「成長帯」と呼ばれる組織があり、そこが一気に伸びないとだめなのだそうです。つまり、最初が大事なのです。ふしを見せられて、何年も経《た》ってからではだめなのです。ふしを見せられたときに、決心して実行することが大事なのです。

竹は伸びて終わりではありません。根は三〇メートル四方に伸び、そこからまた芽を出します。信仰でいえば、決心し、実行してご守護いただいたときには、実は上に伸びるだけでなく、盤石の土台ができるのだと思います。子供や孫までたすけていただける土台ができるのです。

竹は節から芽を出します。節ごとに成長帯が一気に伸びていくのです。私たちも、ふしを逃さないように、生きぶしにすることが大切です。せっかく親神様が働いておられるのに、うっかりしていたのでは、筍《たけのこ》状態で終わってしまいます。人生には必ずふしがあります。「ふしから芽を出す」努力をさせていただきましょう。

立教百七十三年（平成二十二年）七月

繰り返す

オウムという鳥は、人が教えた言葉を覚えて真似《まね》をします。

ある人がオウムを飼うことになりました。せっかく飼うのだからと、何か言葉を教えることにしました。まず「誰だ」という言葉を覚えさせました。

その人が会社に出勤して留守の間に、クリーニング屋さんがやって来ました。そして、玄関のドア越しに声を掛けたところ、なかから「誰だ」と返事がありました。そこで「クリーニング屋の山田です」と言ったのですが、「誰だ」とまた聞くので、再度「クリーニング屋の山田です」と言うと……

「誰だ」

「クリーニング屋の山田です」

「誰だ」

「クリーニング屋の山田です」

何度も繰り返してヘトヘトになって座っているところに、家主が帰ってきました。家の前に人が座り込んでいるので「誰だ」と尋ねると、家のなかからオウムが、

「クリーニング屋の山田です」


繰り返すというのが、このジョークのミソです。実は、繰り返すと覚えるのはオウムだけではありません。人間も同じです。

人生は繰り返しです。生まれてから死ぬまで、朝起きて、顔を洗って、服を着替えて……というふうに、ずっと繰り返しているのです。次は何をしようかと、いちいち考えなくても、朝起きたら顔を洗っているのです。学校へ行く道も、仕事へ行く道も、繰り返して体で覚えているのです。こうして毎日繰り返して一生を過ごしているので

す。そう考えると、いったい何を繰り返すかが大切になってきます。

私たちは、お道を信仰しています。それでは何を繰り返しているのか考えてみてください。信仰しているからこそ、身につくことがあるはずです。それは何でしょう。

教会の月次祭に参拝する、日参する、ひのきしんをする。教えを身につけるためには、実行して繰り返さなければなりません。「ひのきしんをするように」と言われて、そのときはできても、身についていなければ自然にひのきしんをすることはできません。教えを習慣化する努力をさせていただきたいと思います。

たとえ三日坊主でも、何度も三日坊主を繰り返せば身につくのです。顔を洗うことを苦に思っている人はいないはずです。身についてしまえば、なんでもないのです。

オウムが人間の言葉を繰り返して覚えるように、私たちも教えの一つひとつを繰り返し実行して、身につける努力をさせていただきましょう。

立教百七十三年（平成二十二年）九月

匂い

嗅覚《きゅうかく》というのは五感の一つです。五感とは、目＝視覚、耳＝聴覚、鼻＝嗅覚、舌＝味覚、そして手で触る＝触覚の五つですね。なかでも嗅覚は、人間がはるか大昔に身につけた能力のようです。視覚は、どちらかというと新しい能力のようです。

なぜ、そんなことが分かるのか。五感で得た情報はすべて脳に伝えられ、脳が判断を下します。物を見たときに「これは花だな」「花のなかでもチューリップだな」「チューリップのなかでも綺麗《きれい》だな」というふうに感じるわけです。これはかなり高度な処理です。これに対して、嗅覚はもっと直接的です。たとえば、臭い匂《にお》いを嗅《か》いだ瞬間に「臭い！」となります。識別も何もありません。いきなり臭いのです。これは嗅

覚の特徴です。面白いものですね。

嗅覚には、ほかにもいろいろな特徴があります。たとえば、良い香りだと思う香水でも、濃くなり過ぎると臭く感じるようになります。しかし、その場に長くいると慣れてしまうのです。これも判断するとか、脳が感じるとかではありませんね。

私たちがテレビを見ているとき、その場面を視覚と聴覚で想像します。この二つで十分想像できるのですが、もし、さらにリアルになって、テレビから匂いが出てきたらどうでしょう。新鮮な海産物の調理のシーン。トイレで化粧直しをするドラマのシーン。画面が変わるたびに匂いがするとしたら、おそらく部屋がさまざまな匂いでいっぱいになって、テレビを見ていられなくなるでしょう。

一方、視覚は見たくなければ遮断《しゃだん》できます。目をつぶればいいのです。聴覚も聞きたくなければ耳を覆えばいい。口は閉じれば食べずに済みます。触覚は触らなければいいのです。

嗅覚はどうでしょうか。鼻をつまめばいいようなものですが、呼吸の役割もありますから、いつまでもつまんでいるわけにはいきません。結局、匂いというのは拒絶できないのです。五感のうち、より本能的で避けられない感覚、これが嗅覚なのです。

女性は成長するにつれて、自分や家族とは違う匂いを本能的に求めるといいます。ですから年ごろになると、お父さんの匂いは嫌になる。彼氏の匂いがいいのです。結婚して子供が生まれると、今度は子供を守ろうとする本能が働いて、自分や子供、家族以外の他人の匂いがだめになります。つまり、夫の匂いがだめになるのです。男からすれば困ったことで、父親は娘をいくら可愛《かわい》がっても、年ごろになると相手にしてもらえない。夫は子供が生まれたら、妻から相手にしてもらえないのです。

教祖は「にをいがけ」と仰せられました。私たちは、自分の匂いは分からないけれども、他人の匂いはよく分かります。自分の家の匂いは分からないけれども、よその家の匂いはよく分かるのです。

私たちはみな、自分の匂いを持っています。どんな匂いを掛けるのか。お道の匂いを掛けなさいと仰せくださっているのです。それはどうやったら身につくのかといえば、教えを実行すれば身につくのです。

お風呂に入って石けんで体を洗うと香《かぐわ》しい匂いがします。石けんの匂いというのは、だいたいみんな好きな匂いのようです。ですから、お風呂から上がった人は良い匂いがするのです。石けんで体を洗うように、教えで心を洗う。綺麗にして、その匂いを掛けて回るということが、私たちの大事な御用なのです。

世界に無臭のものはありません。どんなものにも必ず匂いはあるのです。人も同じです。ですから「にをいがけ」は、いつでも誰でも、知らずしらずのうちにしているのです。私たちの役目は、お道の匂いを掛けて回ることです。そのためには、相手に近づかなければなりません。隣の部屋にいたのでは分からないのです。私たちのするべきことは、教えを身につけ、人に声を掛けて回ることなのです。

立教百七十四年（平成二十三年）九月

Ⅲ　「感謝」から「報恩」へ

動く

京都の数々の名園を手掛けてきた十一代目・小川治兵衛《おがわじへえ》という作庭家・庭師がいます。

あるとき、この人に案内していただいて「洛翠《らくすい》庭園」という庭を歩きました。〝庭造りの天才〟といわれた七代目・小川治兵衛の造った名園です。七代目の作で有名なものには、平安神宮や山縣有朋《やまがたありとも》の別荘だった無鄰菴《むりんあん》の庭園などがあります。また、いまは一般公開されていない東山南禅寺周辺の別荘群の庭園も軒並み七代目が造ったものなので、洛翠庭園はその一つなのです。

小川治兵衛さん曰《いわ》く、

「文化財になったら庭はだめになります。なぜだめになるかというと、文化財に指定されると、木一本、石一つ動かすことができない。これはいわば〝死んだ庭〟です。文化財、名庭園などと聞いて、大勢の人が見に行くけれども、額縁に入った絵と一緒で生きていないのです。庭というのは生き物で、動いているからいいのです。何年経《た》っても変わらないような庭は、生きていない。何の魅力もないのです」

と一刀両断です。

京都を紹介する雑誌は毎年、春夏秋冬にちなんだ特集を組んで、庭をずいぶん取り上げています。それらは、ほとんどが文化財の庭です。庭造りの名人からすると、死んだ庭を有難がって見て回っているということなのでしょう。

私が洛翠庭園を見せていただいたとき、十一代目・治兵衛さんは、七代目の造ったこの庭に、新たに手を入れている最中でした。その作業の一つとして、それまでなかった川を付けました。

「どうですか？」と感想を求められましたので、「なるほど、この川があるだけで見飽きませんね」と答えると、次のような話をされました。

「そうでしょう。この川は動いています。水は絶えず動いている。だから飽きないのです。同じじゃないんです。底には鴨川の真黒石《まぐろいし》を敷いてあります。京都の川を表しているのです。水の音がするでしょう。この音を聴いてください。この川がなくて池だけだったら、水の音はしません。水も動くことで音がするのです。音を楽しんでください」

さらに、こうも言われました。

「このわずかなせせらぎが、池に入り、そして庭を抜けて鴨川に流れ込み、淀川となり、大阪湾に行き着いて、太平洋につながっているのです。このわずかな水が、太平洋につながっているということなんですよ」

なるほど、動きがなくて止まっていたら、ただの水たまりです。わずかなせせらぎでも、動きがあるから大きな広がりが生まれる。動くということが、魅力につながるのです。

考えてみれば、人間の顔も無表情では魅力がありませんね。写真に写る表情というのは、まれに実物以上に素敵《すてき》なミラクルショットが撮れることもありますが、ほとんどの場合は、実際のその人より魅力がないものです。それは実物には動きがあるからです。

私たちの表情の元は心の動きです。「綺麗《きれい》だな」と思えば、その気持ちが表情に現れます。「美味《おい》しいな」と感じてもそうです。「うれしいな」と思ったら、その心の動きによって顔が輝くから魅力的に見えるのです。

また、「うれしいな」という心の動きは幸せにつながっていきます。たとえば、目の前に楓《かえで》の木があって「綺麗だな」と感じると、同時に「うれしいな」という気持ちが湧《わ》いてきます。そこからもう少し深く考えると、楓をその場所に植えた人、育てた人への感謝の念が生まれてきます。さらに、その楓は神様が創《つく》られて、太陽の温《ぬく》みと水の恵みで育ててくださっていることに思いが及ぶと、その喜びはもっと深くなります。

食べ物も同じです。「美味しいな」と感じれば、作ってくれた人への感謝の思いが自然に湧いてきます。そして、食材もみな親神様のお与えだと思えば、親神様への感謝の念が生まれます。身の周りに起こる出来事のなかに、喜びを見いだす。そうすることで幸せを実感できるのです。

私たちようぼくも、動かずにいるのは、顔でいうなら無表情と同じです。ようぼくも動くことによって輝くのだと思います。

ようぼくは、人をたすけるのが御用です。まずは身の周りの人から声を掛ける。病院のベッドで寝ていたりして自分が動けない状況なら、「隣にこんな人がいますよ」「隣の病室には、こんな人がおられますよ」と会長さんにお知らせするのも声掛けだと思います。みんなで声を掛けて、輝くようぼくにならせていただきたいものです。

立教百七十六年（平成二十五年）十一月

初詣はするものの…

年の初めに、大勢の人が初詣《はつもうで》に行きます。そして「家内安全」「家運長久」「商売繁盛」などをお願いします。なぜ、そうしたことをお願いするかというと、自分の力では実現できないからです。その際、大半の人はタダでお願いはしないものです。お賽《さい》銭《せん》を上げます。「良《い》い年＝一一四円」、あるいは「福来い＝二九五一円」などと縁起の良い数を金額にしてお願いするのです。それくらいのお供えでたくさんお願いするのは、ちょっと厚かましいのではとも思いますが、それはさておき、一生懸命にお願いをします。

しかし、どうでしょう。年末になって「おかげで家内安全で過ごせました」とお礼

に来る人で神社が溢《あふ》れ返るといった話を聞いたことはありません。毎年ひっそりと年の瀬を迎えます。そして新しい年を迎えると、いきなり大勢の人が初詣に訪れて、また「家内安全」「家運長久」「商売繁盛」を願うのです。要するに、願いっ放しなのです。お願いが叶《かな》っても、お礼はしない。

私たちは、親神様のご守護のおかげで生きているということを知っています。一年間、家族が元気に過ごさせていただけたこと一つをとっても、どれほど有難いことかと思わずにいられません。そうしたことを忘れることなく、お礼をさせていただかなければならないと思います。今年一年、家族のうえに、自分自身のうえにお見せいただいたこと、頂戴《ちょうだい》したご守護をしっかりと嚙《か》み締める。そして、ご恩を感じたなら、ご恩報じの道を歩ませていただく。実はそうすることが、いま頂戴している幸せを深く味わい、さらに次の幸せの種を蒔《ま》くことになるのです。

世界では大きなテロ事件がたびたび起こり、ずいぶん警戒しているという話を聞きます。自爆テロをする人たちは、自爆すれば死んで天国へ行けると教えられているのです。イスラム教だけではありません。キリスト教も仏教も皆、死後の安寧《あんねい》、死んで天国や極楽へ行く道を説いています。

教祖は、「こゝはこのよのごくらくや」と教えてくださいました。人間は、この世で陽気ぐらしを味わわせていただくのであり、死んでから行く天国はないのです。出直してもまた、この世に生まれ替わってくるのです。そのことが分かれば、自爆テロをするような人は出てこないはずです。

私たちは、陽気ぐらし世界実現の御用にお使いいただくようぼくです。一日も早く、一人でも多くの人に、この道を伝え、そして、生きて極楽を味わえる世界に立て替わるよう、共に働かせていただきたいと思います。

立教百七十八年（平成二十七年）十二月

お願いの仕方

川中島の戦いをご存じでしょうか。戦国時代、現在の長野市郊外にある川中島を舞台に、戦国武将の武田信玄と上杉謙信の間で繰り広げられた戦《いくさ》のことです。当時の暦でいえば、永禄四年八月十五日、上杉謙信が兵を率いて川中島に陣を布《し》きました。それを知った武田信玄は、十六日に出陣して、二十四日に川中島に着陣します。双方にらみ合いが続いたあと、有名な「鞭声《べんせい》粛々夜河を渡る」と漢詩に詠まれた決戦は、九月九日と十日に行われたということです。

私は講釈師ではありませんから、いまから合戦について長々と語るつもりはありません。なぜ、川中島の話をするかというと、このとき決戦を前にした武田信玄と上杉

謙信は、それぞれ神仏にお願いをしていて、その願文《がんもん》が残っているのです。

上杉謙信は、「戦の神様」と称《たた》えられるくらい、戦上手だったといわれます。どんなお願いの仕方をしているのかというと、「義があるのは自分である。だから神仏は自分に味方せよ」。つまり、自分のほうが正しい。だから自分を応援するべきだという内容が願文に記されています。

武田信玄はどうかというと、「もし勝たせてくれたなら、斯《か》く斯く然々《しかじか》のことをさせてもらう」と、こういう願い方をしているのです。

今日、私たちが神様にお願いをする仕方からすれば、二人ともあまり良い願い方とは言えませんね。特に上杉謙信のような願い方をする人は、ほとんどいないでしょう。よほどの自信家でないと、こうはいきません。たとえば、病気や事情で悩み苦しんでいる人が、「自分は決して悪くない。今日まで人に迷惑をかけた覚えはない。なぜ自分が病気になるのか」などと言い立てて、「だから、たすけろ」と言うのと同じです。

しかし、武田信玄のような考え方をすることは、私たちもあるのではないでしょうか。「たすけてくれたら、修養科へ行きます」「ご守護くださったら、別席を運びます」「たすけてくれるなら、お供えをさせてもらいます」。これらは一見、心定めに似ていますが、実は取り引きなのです。

病院で手術を受けるときに、「成功したら、お金を払います」というようなことは言わないでしょう。成功しようが失敗しようが、手術代は払わなければならないのです。注射を打ってもらったら、注射代を払うのです。成功報酬のようなものを病院は認めてくれません。当たり前のことですよね。

私たちが神様にお願いする場合も、決心することが大事です。「たすかったら、こうさせてもらいます」というのは決心ではありませんね。ここを間違わないようにしないといけません。

『稿本天理教教祖伝』に、清水ゆきという人が、をびや許しを戴《いただ》く話があります。教祖のお子さんであるおはるさんが、をびや許しで楽々と安産するのを見て、ゆきさんも願い出ます。そして、教祖からをびや許しを戴くのですが、毒忌《い》みや凭《もた》れ物といった当時の風習にも同時にすがりました。こういう願い方をしたところ、大変な難産で産後も三十日ほど寝込みました。いったいどうして、こんなことになったのかと教祖にお尋ねすると、「疑いの心があったからや」とおっしゃったのです。

翌年、ゆきさんは再度妊娠し、教祖の仰せ通り、素直にをびや許しだけを頼りに過ごさせていただいたところ、楽々と安産させていただきました。産後の肥立《ひだ》ちも大変良かったということです。これが、素直に信じて、もたれて通るということなのです。たすけてほしいなら、まず、親神様、教祖におすがりすることです。そしてその際には、しっかりと決心する。おたすけ人として導かせていただく側からすれば、しっかり決心していただき、自分の真実も添えて、真剣にお願いをさせていただくことが大切です。

立教百七十五年（平成二十四年）八月

「感謝」から「報恩」へ

最近、親による子供の虐待や育児放棄が社会問題になっています。それに伴い、「親は子供を育てる責任と義務がある」とか、「子供には育てられる権利がある」というようなことが言われます。私は、この「責任」や「義務」「権利」というようなものからは、「感謝」の心は生まれないと思うのです。「責任があるから」「権利があるから」といった感覚では、子供は親に「育ててもらって当たり前」であって、そこに感謝の心の生まれる余地はありません。

お道では、そうしたことに気づいていただきたいとの思いから、「感謝　慎み　たすけあい」という標語を作って、教会の前などに横断幕を掲げてきました。

「感謝」という言葉は、一般社会でもよく使われます。「親に感謝しています」「お世話になって大変感謝しています」などと言いますね。しかし本当に大事なのは、その先だと思うのです。それは「報恩＝恩を報じる」ということです。「感謝」は、いわば「報恩」への入り口なのです。

三代真柱・中山善衞様は、教会巡教などの際に、よく「報恩感謝」とご揮毫《きごう》くださいました。お二人で書かれることもありました。三代真柱様が真柱をお務めの時代は、真柱様が「報恩」とお書きになって、継承者であられた善司様が「感謝」と続けられました。善司様が跡をお継ぎになってからは、真柱様が「報恩」とお書きになって、三代真柱様が「感謝」とお書きになりました。

私は「感謝」という言葉は、「報恩」という言葉と結びつかないことには、あまり意味がないと思うのです。たとえば「親に感謝します」と口にするだけでなく、親に育ててもらった「恩」、産んでもらった「恩」を感じることが大切だということです。「恩」には「返す」という行為が伴います。そう言うと、嫌々させられると感じる人もいるかもしれません。しかし実際には、恩を感じたら返したくなるものではないでしょうか。たとえば恩師に贈り物をするときに、嫌々する人はないでしょう。何を贈ったら喜んでくれるだろうかと、品物を選んでいるときからうれしいものです。恩返しというのは、そういうものだと思います。

親に恩を感じると、それを返したくなる。これは親孝行です。親孝行というのは、しなければならないからするのではなく、せずにおれないからするのです。

親神様のご恩も同じだと思います。この道は「ご恩報じの道」ともいいますが、ご恩を感じなければ通れないのです。親神様のご守護を有難いと思う心があればこそ、「させてもらいたい」「やらずにおれない」という気持ちになるのです。

私たちが毎日こうして元気でいられるのは、第一に親神様のご守護のおかげです。そして、産み育ててくれた親のおかげ、周囲の人たちのおかげ、学校の先生のおかげもあれば、仲間のおかげもあるでしょう。実は、人間はこうした「おかげ」を感じ、「恩」を感じて、それに応えようとするなかに、「生き甲斐《がい》」や「喜び」を見いだし、

「幸せ」を味わうことができるのです。

私たちは、一人でも多くの人をおぢばへ連れ帰らせていただき、別席を運んでもらおうと努めさせていただいています。それは、私たちの親である教祖に、お喜びいただきたいからです。さらに一層、声掛けに努めて、教祖のご恩に、親神様から頂戴《ちょうだい》している限りないご恩に応えさせていただきましょう。

立教百七十八年（平成二十七年）十一月

神様の試験

毎年のことですが、二月といえば受験シーズンです。受験には「験担《げん》ぎ」がつきものです。たとえば、大泥棒といわれた人のお墓参りをする。なぜかというと、「入りにくい所へ入った」というわけです。その墓石を削って、お守りにする人もいるそうです。

食べ物の験担ぎでは、「カツ丼」や「トンカツ」を食べて試験に臨むというのは、昔からよく聞く話です。ウインナーソーセージも良いそうです。ウインナーという発音が、英語の「winner ＝勝利者」を連想させるからでしょう。「納豆」も良いそうです。「ネバネバ」だから「ネバーギブアップ」。諦《あきら》めないということだそうです。ほか

にも「たぬきそば＝他を抜く」「竹輪＝見通しが利く」。最近、最強の験担ぎといわれるのが「チキンカツ入りチキンラーメン＝きちんと勝つ」。そして入試が終わったら、お菓子の「ポッキー」を、手で持つ所から先に食べる。通常とは逆から食べるので、「キッポー＝吉報」を待つというわけです。

このように験を担ぐのも結構ですが、結局のところ、ある程度実力がないことには入れません。ですから皆、一生懸命に受験勉強をするのです。

私たちは、教祖年祭を一つの大きな目標として歩ませていただいています。これも考えようによっては、親神様から私たちようぼくへの、十年に一度の試験なのだと思います。学校の入学試験なら定員が決まっています。しかし、これには定員はありません。ですから全員合格を目指して、しっかり御用をさせていただきたいと思うのです。

病気に苦しんでいる、事情に悩んでいる場合も、同じことが言えるのではないかと思います。これもやはり、神様からの試験だと思うのです。いわば〝人生の試験〟です。これも定員は決まっていません。

試験であれば、白紙で出すわけにはいきません。親神様に「合格」のハンコを押してもらえるような歩み方をさせていただきたい。私たちは、親神様にすがり、教祖にお導きいただいて、たすかる道を知っています。これほど有難く、頼もしいことはないのです。

立教百七十八年（平成二十七年）二月

蚊の羽音

西暦一九〇一年、和暦で明治三十四年、二十世紀の最初の正月に、日本のある新聞が「二十世紀の予言」という記事を掲載しました。おそらく日本で初めての未来予測記事だろうといわれています。

たとえば、そのうちの一つは「サハラ砂漠が肥沃《ひよく》な土地になる」というものです。科学技術の進歩によって、砂漠が肥沃な土地になって作物が実るようになると考えたのでしょう。

次に「運動や外科手術によって、身長が六尺（一メートル八〇センチ）以上になるだろう」。これはいかにも日本人らしい発想ですね。明治に入って欧米人と接するよ

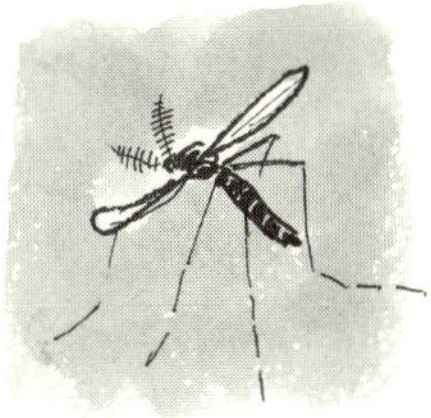

うになり、その体格差にコンプレックスを持ったのでしょう。そのころに比べて、いまの日本人の平均身長はずいぶん高くなりましたが、六尺以上にはなっていません。「一週間で世界一周ができる」という項目もありました。これはすでに、そうなっています。飛行機で飛べば、一週間どころか、二、三日あれば世界一周できるようになりました。

それから「蚊やノミがいなくなるだろう」という予測もありました。当時は、それだけ数が多くて、いなくなれば快適だと思ったのでしょう。現在は、いなくなったわけではありませんが、確かに少なくなりました。特に年配の方で、子供のころより蚊が少なくなったと感じている人は多いのではないでしょうか。ブーンブーンという、あの嫌な羽音をあまり聞かなくなったと思うのです。

ところが、その理由は単に蚊が減ったからだけではないようです。あのイライラする音は、実は若いうちしか聞こえないそうです。蚊の羽音の高い周波数は、歳《とし》を取ると聞こえないらしいのです。つまり、蚊がいなくなったのではなく、耳が遠くなったのです。

私もその一人です。蚊の羽音だけではありません。最近、階下で目覚まし時計が鳴っていても気づかないので、よく妻に「あの音が聞こえないの」と呆《あき》れられます。

しかし、日常生活に支障はないのです。蚊の羽音が聞こえにくくても、一階で鳴っている目覚ましが二階にいて聞こえなくても、別になんともないのです。これは病気ではありません。老化なのです。誰でも歳を取れば、こんなことはいっぱいあります。耳が聞こえにくい、物が見にくい、食べにくい、歩きにくい……。

ともすると、こうしたことは不足の種になりがちです。そうではなくて、「聞こえにくいけど聞こえていて結構やな」というのが信仰の値打ちです。「見にくいけど見えているのが結構やな」「歩けてるのが結構やな」。そこで感謝するか、不足するかで大きな差が出てくるのです。

世の中には、「見にくいけれども、見えて結構やな」「聞こえにくいけれども、聞こえて有難いな」と言っている人より、「困ったなあ、見にくいな、聞こえにくいな、歩きにくいなあ」と不足している人のほうが多いのです。心の持ち方一つで陽気ぐらしは味わえると、教祖は教えてくださいました。蚊の羽音が聞こえにくくなっても結構。目覚まし時計が聞こえにくくなっても結構。それより、聞こえる喜びを心に持って、勇んでご恩報じの道を通らせていただきましょう。

立教百七十六年（平成二十五年）五月

都鳥

都鳥をご存じでしょうか。学術的には「ミヤコドリ」という小型の水鳥がいるのですが、日本人が昔から都鳥と呼んできたのは、ユリカモメのことだそうです。ユリカモメは京都の鴨川にもいます。私の子供が小さいころ、よく一緒に川辺へ行ってパンくずをあげたものです。都鳥というくらいですから、昔から鴨川にいたと思っていましたが、この川で見られるようになったのは、実は一九七四年以降のことだそうです。

なぜ都鳥と呼ぶのか調べてみると、古くは平安時代に記された『伊勢物語』に、その名前が登場します。しかし記述があるのは、都から遠く離れた東国を旅する主人公が、京では見かけないこの鳥の名を耳にして都に郷愁を覚え、歌を詠む場面です。て

っきり都にいる鳥だから都鳥だと思っていましたが、そうではないようです。ちなみに、勘違いかどうか知りませんが、一九六五年、東京都はユリカモメを「都民の鳥」に指定しています。

この鳥で思い出すのは、以前、広島県を訪れたときのことです。ある港でユリカモメがたくさんいる場面に出くわしました。周辺の家屋の屋根をはじめ、そこかしこに止まっているのです。ところが一軒だけ、一羽も止まっていない屋根があるのです。不思議に思って下を見ると、「かもめの焼き鳥」という看板がありました。カモメは字が読めるのかと驚きました。

実はこのユリカモメ、鴨川に一年中いるわけではありません。越冬に来ているのです。夜は琵琶湖《びわこ》で眠って、朝、比叡山《ひえいざん》を越えて鴨川にやって来るようです。そして夏になると、カムチャッカ半島まで飛んでいって繁殖します。そうやって、日本とロシアを自由に行き来しているわけですが、もちろんパスポートは持っていません。当然、そんなものは必要ないわけです。

それに比べて、人間というのは欲深いですね。突然やって来て、「ここは自分たちの領土だ」と主張する国があります。人間は、すぐに「自分のものだ」と言いたがります。家族や兄弟の間でも「この土地は自分のものや」「この家は自分のもんや」などと争いは絶えません。鳥はそんなことは言いません。たぶん、「神様のものですよ」と言うでしょう。

赤ん坊は生まれると、手を握る動作をします。ジャンケンのグーの手ですね。これは類人猿の名残だそうです。なぜかというと、母親にしがみつくためなのです。このグーの手は、成長とともに自然に開いていくのですが、心のほうはそうならないようです。いま世界各地で起きている紛争は、難しい話のようでいて、実は「これは自分のものだ」「いや、うちのものだ」という争いばかり。国の争いも一人ひとりの諍《いさか》いも、この欲どおしい心の表れなのです。

教祖は、人間にとって自分のものは心だけであり、その心一つで陽気ぐらしが味わえると教えられました。そして、自ら五十年のひながたの道を通られ、身をもって、そのことを示されました。

教祖は、人に施しをされて、明日炊く米がないというときでさえ、

「世界には、枕もとに食物《たべもの》を山ほど積んでも、食べるに食べられず、水も喉《のど》を越さんと言うて苦しんでいる人もある。そのことを思えば、わしらは結構や、水を飲めば水の味がする。親神様が結構にお与え下されてある」

と、貧のどん底にあっても健康の有難さを喜ぶことを教えられました。また、ようやく手に入れた五合の米を、門口に立って食を求める人に、なんの惜しげもなく与えられたり、寒さに震える人に、ご自身がお召しになっていた半纏《はんてん》を脱いでお与えになりました。

こうしたお姿に、「教祖の真似《まね》はとても無理だ」と思う人もいるでしょう。それでは、たすかる道はないのかというと、教祖はちゃんと教えてくださっているのです。

「欲を忘れてひのきしん」

私のような欲の深い人間でも、人の世話を一生懸命しているときには、欲の心はなくなっているんです。そして、その人がたすかってくれたら、どれくらいうれしいことか。自分がたすかる以上の喜びがあるのです。「たすける理がたすかる」「人たすけたら我《わ》が身たすかる」とお教えくださいます。そして、「これがだい〻ちこえとなる」と仰せくださるように、これが肥となって、また大きな収穫、ご守護をお与えくださるのです。

立教百七十五年（平成二十四年）九月

勘違い

「勘違い」にまつわる小話を一つ。

ある女の人が苦労して三人の子供を立派に育て上げました。子供たちは母親へのお礼の気持ちを込めて、それぞれプレゼントを贈ることにしました。

まず、長男が母親に言いました。

「お母さんはアパート住まいでずいぶん苦労をしてくれた。これからは10ＬＤＫの家をプレゼントするので、ゆっくりしてください」

続いて、次男が言いました。

「お母さんは毎日朝から晩まで働きづめで、どこにも遊びに行くことがなかった。高

級車を運転手付きでプレゼントするから、これからはどこへでも好きなだけ遊びに行ってほしい」

　三男は、

「お母さんはお父さんと早く別れて、一人でずいぶん寂しい思いをしたでしょう。僕は、百人一首から六法全書まで覚えているオウムをプレゼントするので、この鳥を話し相手に気晴らしをしてください」

と言って、オウムをプレゼントしました。

　母親は、子供たちの申し出に対して、次のように答えました。

　長男には、

「立派な家をプレゼントしてくれるのはうれしいけれど、この歳《とし》になると、そんなに何部屋もあっても使いようがない。申し訳ないけれど、そんな豪邸は要らないよ」

と言いました。次男には、

「遊びに行ってと車をくれるけれど、この歳になると出不精で、別に遊びに行きたいわけではない。まして運転手さんがいたら、その人にまで気を使う。気持ちはうれしいけれど、そんなものは要らないよ」

と言いました。そして三男には、こう言いました。

「あんたのこまやかな心配りが一番うれしい。あんたのくれたあの鳥は、とっても美《お》味《い》しかったよ」

食べたらだめです。勘違いです。いい話かと思ったら、最後にそういうオチがある小話です。

こんな冗談はともかく、人間というのは勘違いをするものです。歳を取れば取るほど、その回数は増えるような気がします。

私は、人間の勘違いの大きなものの一つに、「なんでもすぐに自分のものだと思ってしまう」ということがあると思います。たとえば配偶者や子供を、つい自分のものだと思ってしまいます。

自分のものと思っているか、そうでないかの違いを測る簡単な物差しがあります。それは、お礼を言うかどうかです。人に物を貸してもらったら、ボールペン一本でもお礼を言って返します。自分の連れ合いに、お礼を言わなくなったら、ちょっと危険だと私は思います。お礼を言わないということは、いつの間にか、それが当たり前になっていたり、自分のものであると勘違いしていたりする証拠だからです。

私たち人間にとっての一番大きな勘違いは、この体を自分のものだと思っていることです。確かに借金取りが来ても、体だけは取っていけないというので、「裸一貫、体だけは自分のものだ」と言ったりしますが、実際には病気になれば思うように体を動かせません。また、それを自分で治す術《すべ》もないのです。人間にとって「この体は親神様からの借りもの、親神様からいえば貸しもの、心だけが自分のもの」と教えられます。なるほど、体は自分のもののようであって、自分のものではないのです。

それならば、物を借りた人がお礼を言うように、体の貸し主である親神様にお礼を申し上げて通らせてもらうのが本当の生き方です。それに、物を借りるのに、貸し主の意に沿わない使い方をするけれど貸してくれ、という借り方はありません。

貸し主である親神様の思いとは何か。人間が互いにたすけ合って、陽気ぐらしをすることです。そのために、私たちは体をお借りしているのですから、人をたすけさせていただきたいものです。おたすけは、周囲に心を配ることから始まります。私たちも、親々や自分自身が声を掛けられ、たすけられて今日があります。私たちの身近には友人、知人、その周囲にはさらに大勢の人たちがいます。そういう人たちに心を配っていれば、それまで全く見えていなかったものが見えてきます。この人は、こんなことに困っているのか、こんなことに不自由しているのか、ということが分かってくるのです。

皆で声を掛け合って、おたすけに励ませていただきましょう。

立教百七十七年（平成二十六年）二月

時間

私たちは時間を自由に操ることができません。生まれてくる日を選ぶことも、出直す日を決めることもできないのです。自殺する人は自分で時間を決めているではないか、と思われる方がいるかもしれません。しかし、自殺する人は何も死にたいわけではないのです。本当はもっと幸せに生きたいと思っているけれど、図らずも自ら命を絶たなければならない。決して本意ではないけれど、そのような状況に追い込まれているのです。

最近、知り合いが交通事故に遭《あ》いました。彼はそのとき、車の後部座席で眠っていました。運転手が意識を失って車が対向車線へ飛び出し、反対側のガードレールに接

触、そのままダラダラ走り続けたそうです。異変に気づいた彼は、後部座席から腕を伸ばしてハンドルを操作し、コンビニの駐車場まで運転を続けて、ようやく警察へ連絡して助けを呼んだとのことでした。

駆けつけた警官に「よく対向車線に飛び出したときに車とぶつからなかったですね」と言われたそうです。その道路は普段から交通量が多く、そのときも何台もの対向車が来ていたのに、たまたま当たらなかった。また、「よく目が覚めましたね」とも言われました。覚めていなければ一大事だったのです。

人は誰しも、生まれてから今日までの間に「あのとき、もうちょっとで危なかった」というような経験があるだろうと思います。一瞬の差でたすかる人もいれば、たすからない人もいる。時間は、自分の力でどうにもならないのです。

それでは、どうにもならないから諦《あきら》めるしかないのかといえば、そうではありません。教祖は、私たちがたすけていただく道を教えてくださいました。それは、時間をいかに使うかということです。お道では「ひのきしん」と教えられます。「日」を寄進すると書いて「日の寄進」。「寄進」とは、昔から社寺などに寄付することをいいます。ひのきしんとは、時間をお供えするということです。日ごろ、自分や家族、仕事などのために使っている時間を、神様の御用に使わせていただく。おぢばや教会で、身をもって神様の御用をさせていただく。それが伏せ込みとなって、与わる時間が変わる、運命が変わるご守護を頂けるのです。

立教百七十七年（平成二十六年）八月

夫婦円満の秘訣

たまたま目にした雑誌に「夫婦円満の秘訣《ひけつ》は」という記事が載っていました。そこには、有名な物理学者のアインシュタインが、その問いに答えた内容が記されていました。アインシュタインは二度結婚しているのですが、二度目は相手も再婚で、二人で次のように話し合ったというのです。

まず、アインシュタインがこう言いました。

「どんなことも、夫婦で話し合って決めようとすると、必ず意見がぶつかって喧嘩《けんか》になるから、話し合うのはやめよう」

それに対して、奥さんが次のように提案したそうです。

「日常のつまらない小さなことは私が決めるから、決断すべき大切なことはあなたが決めてね」

アインシュタインは「分かった」と了解し、「以来数十年、こうして一緒に暮らしているけれど、不思議なことに、いまだに自分が決断すべき大切な事態になったことがない」という話でした。

実際のところ、円満の秘訣にはいろいろあるでしょう。もし私が問われたとしたら、「相手のことを神様にお祈りすること」と答えます。自分のことは誰だってお願いします。また、相手のことだとしても「どうか、私の言うことを聞いてくれますように」というのであれば、それは相手のことではなく自分のことです。私たちは最も身近な配偶者のことについて、神様にどれだけお礼を言い、お願いをしているでしょうか。

私は親神様に礼拝するときは、最後に必ず「妻が元気でありがとうございます」とお礼を申し上げ、「この先も元気でいてくれますように」とお願いすることにしています。それは、そう思わずにはいられないからです。

アインシュタインではありませんが、夫婦で話し合って決めれば円満にいくとは限りません。ちなみに、その雑誌には「話し合えば結局のところ、ろくでもない奴《やつ》と結婚したということに気づくだけだ」とありました。

生まれも育ちも全く違う二人が話し合って何もかも治まるのであれば、離婚する人はいないのです。「仲良くしよう」と夫婦で話し合って仲良くできるのなら、簡単な話です。しかし現実には、永遠の愛を誓い合ったはずなのに、別れる人はたくさんいるのです。

離婚してそれぞれの道を歩むのも、一つの選択です。しかし、円満であるに越したことはありません。そのご守護を頂くには、まず相手のことをお願いして通ることだと言いたいのです。

では、家族が幸せになるためにはどうすればいいのか。それは家族以外の人のたすかりを願うことです。人をたすけるという誠の姿のなかに、実はわが家族も「内々睦《うちうちむつ》まじい」というご守護が頂けるのです。

立教百七十七年（平成二十六年）六月

蟬はなぜ鳴く？

最近の日本の夏は、とても暑いですね。以前なら、奈良、京都、兵庫県の豊岡あたりが、気温が高い場所としてニュースになっていましたが、いまではそれらの地域が目立たないくらい、全国各地が猛暑です。嘘《うそ》か誠か、アフリカの赤道直下の国の人が、「日本は暑い！」と言って逃げ出したという話がありますが、それくらい、日本の夏の暑さは厳しいと思います。

夏といえば蟬《せみ》ですが、その蟬も、今年はしんどそうに鳴いていたような気がします。私が子供のころ、蟬捕りといえばアブラゼミが主でした。クマゼミは珍しく、大きくて透明な羽根をしているので、捕れるとうれしかったものです。クマゼミは午前中だ

けシャンシャンシャンと賑《にぎ》やかに鳴いて、お昼ごろからはアブラゼミがずっと夕方まで鳴いていたように記憶しています。でも最近は、クマゼミは珍しくなく、むしろアブラゼミのほうが少ないようです。クマゼミは南方系の蝉だそうですから、やはり暑くなってきているのですね。

ところで、蝉というのは、体の割にとても大きな声で鳴きます。蝉の寿命は地上へ出て一週間ほどです。あんなに大きな声で鳴かずに、もう少し声を小さくするか、鳴かないようにすれば、もっと長生きできるのではないかと思うのですが、それは蝉からすると違うんですね。蝉は長生きするのが目的で鳴いているのではないのです。子孫を残すために鳴いているのです。もし、あまり鳴かずに一匹だけ冬まで生きたとしても、それでは何の意味もないわけです。ですから、暑い夏にも負けず一生懸命に鳴いているのです。

人間はどうでしょう。蝉の鳴く目的が長生きではないように、私たちの人生の目的も、長生きではないと思います。日本はいまや世界一の長寿国です。健康食品や健康器具が身近に溢《あふ》れ、病院はいつも繁盛しています。そうした現象だけ見ると、長生きが目的であるかのように見えます。しかし、長生きが目的かといえば違いますね。幸せが目的なのです。世界中の人で、幸せを望まずに不幸になりたいと願っている人はいないでしょう。みんな幸せになりたいと思っています。

長生きはしているけれども、夫婦の不和、親子の不和、兄弟間の争いなどで家庭内が治まらずに悩んでいる人は、世の中に溢れています。幸せになりたいと願って幸せになれるなら、もうとうに、みんな幸せになっているはずです。しかし、そうはなっていません。

本当に幸せな生き方、幸せな人生、それは「陽気ぐらし」の生き方です。陽気ぐらしは、「人たすけたら我《わ》が身たすかる」と教えられるように、人をたすけないことには味わえません。幸せになりたいと願ったら、幸せになれるのではない。人をたすけたら、幸せになれるのです。

人だすけは、周囲に心を配ることから始まります。声を掛けることが、おたすけの第一歩です。世の中には、悩んでいる人、苦しんでいる人がたくさんいますが、声を掛けなければ、その苦しみは分からないのです。声を掛けて初めて、その人の悩みが分かります。みんなで声掛けに励ませていただきたいと思います。

立教百七十六年（平成二十五年）八月

三つの「元」

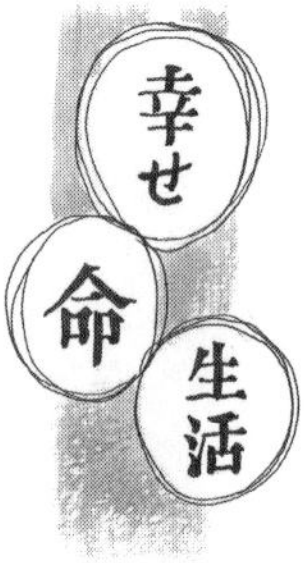

「幸せの元」は何でしょう。お道を信仰している方であれば、お金や物の豊かさではないということはお分かりだと思います。実際、お金や物の豊かさというのは、「幸せの元」ではなくて「生活の元」です。全くないと生活できませんから、お金も物も必要です。では「幸せの元」とは何か。いったい人間は、どんなときに幸せを感じるのでしょうか。

あるアンケート調査によれば、「自分が人から愛されている、大切にされていると感じたとき」「人から信頼されている、頼りにされているというとき」「世の中、社会のために役に立っていると感じたとき」という答えが多いそうです。これらはいずれも、人のために動いたときに得られるものばかりです。自分が何もしなければ、人から愛されたり、大切に扱われたり、信頼されたり、頼りにされたり、また世の中や社会の役に立ったりすることはありません。「人たすけたら我《わ》が身たすかる」という教祖の教えは、このことからもよく分からせていただけます。「幸せの元」は、人をたすけるところから生まれるのです。

もう一つ、大事なものがあります。それは「命の元」です。これは誰しも察しがつくでしょう。健康であるということです。

この「命の元＝健康」というものは、自分ではどうにもなりません。これをご守護いただこうと思ったら、どうすればいいのか。それは「幸せの元」である、人をたすけること、そして「生活の元」である、お金や物を人だすけに使わせていただくことです。普通、人間は、自分さえ良ければいい、今さえ良ければいいと考えて、「生活の元」であるお金や物を自分のために使うのです。そうではなく、人のために使わせていただくのです。

「生活の元」に困っている、生きていくのが大変という人は、どうしたらいいのか。「命の元」である健康を頂戴《ちょうだい》しているこの体を使って、人をたすけさせていただく。そうすることによって、生きていく糧《かて》をお与えいただけるのです。

こう考えると「幸せの元」「生活の元」「命の元」というのは、それぞれ大いに関わりのあるものです。そして、おたすけの実践こそ、そのすべてを頂く本元なのです。

立教百七十七年（平成二十六年）十二月

とんちんかん

春は桜の季節です。この時期になると、テレビでもずいぶん花見の様子が取り上げられます。

花見というのは本来、あまり遠い所へは出掛けないものです。せいぜい離れても、ピクニックに行くくらいの所で、お弁当をつつきながら、お酒を頂いたりして楽しみます。

ところが、京都では、花見のシーズンになると、全国各地をはじめ海外からも大勢の観光客が訪れます。なかでも、円山《まるやま》公園のしだれ桜は有名です。最近は夜もライトアップされて、大勢の人が集まっています。

こんな話があります。円山公園に、ある観光客が夜桜を見に行きました。ライトアップされていて、とても綺麗《きれい》です。桜の枝と枝の間から、月が見えました。思わず隣の人に「あれ、お月さんですよね」と尋ねると、その人はこう答えました。

「私、地元の者ではないので、すみません」

「？・？・？・」

地元でなくても月は月なのです。どこへ行っても、月かどうかは見れば分かるはずです。こういう話を「とんちんかん」と言います。

さて、この「とんちんかん」という言葉は、どこから来たかと言うと、鍛冶屋《かじ》さんの作業風景に語源があります。鍛冶屋は基本、二人で作業をします。親方が座って鉄を鎚《つち》で打つのに合わせて、弟子が反対側から相鎚を打ちます。このとき、二人の息が合っていると、その響きは「トッテンカン」と鳴ります。息が合わないと「トンチンカン」になるのです。そこから、辻褄《つじつま》の合わないことや、噛《か》み合わない会話、間抜けな発言をする人のことなどを「とんちんかん」と言うようになったそうです。

私どもの教会の初代会長は鍛冶屋でしたので、講話のなかに「トッテンカン」にまつわる話がたびたび登場しました。たとえば、このように言ったそうです。

「信仰に入るまでは、なかなか鍛冶屋で食べていくのは大変で、そのころは鎚音も『トッテモタラン（とっても足らん）、トッテモタラン（とっても足らん）』と鳴っていた。それが、信仰するようになってからは『トッタテンカ（取った天下）、テンカトッタ（天下取った）』と鳴るようになった」

いかにも鍛冶屋さんらしい話です。

私は、信仰の世界でも「とんちんかん」ではだめだと思います。やっぱり「取った天下、天下取った」というような信仰をしたいものです。

お道では、教祖年祭などの旬ごとに、一人でも多くの人に声を掛けて、おぢばへお連れしよう、そして心の生まれ変わりをしていただこうということで、別席団参などのさまざまな打ち出しがあります。そんなとき〝旬の声〟に乗らずに、ほかのことをしていたのでは、これは「とんちんかん」です。同じ信仰するなら、時を逃さず、旬を外さぬ信仰をさせていただくことが大切です。「とんちんかん」にならないよう、気をつけさせていただきましょう。

立教百七十八年（平成二十七年）四月

誰のせい？

この道の教えは、「自分さえ良かったらいい」「わが身さえたすかったら、幸せになれたらそれでいい」という教えではありません。教祖は「人たすけたら我《わ》が身たすかる」とお教えくださいました。ですから、この教えを信仰することは、イコール、人をたすけるということなのです。

しかし、私たちに人をたすける力はありません。そこで、「別席」のお話を聴いていただいて、本当の人間の生き方を知り、「われさえ良くば」「自分の家族さえ良ければ」という心を、人をたすける心に入れ替えていただく。そして、人だすけの宝であるおさづけの理を頂戴《ちょうだい》することによって、生きながらにして生まれ変わっていただく

ことが大切なのです。

その第一歩が、別席を運ぶということですから、人をお誘いして別席にお連れするということは、そのまま一人の人をたすけることに結びついていくのです。人をたすけることは、簡単なことではないけれども、別席をお勧めするのは、決して難しいことではありません。

だいたい人間というのは、自分中心に生きているものです。他人の災いを願うわけではないけれど、やっぱり自分や自分の家族を中心に生きています。考え方もつい自己中心的になり、良い結果は自分の能力や努力の成果によるものと考え、悪い結果は人のせいにするというのが常です。そのことを象徴するようなジョークがあります。

ある人が友人と出会いました。片方の耳に包帯を巻いています。

「いったい、どうしたんだ?」

「実は、あんたも知っている山田から電話がかかってきたんやが、ちょうどアイロンをかけているときだったので、思わずアイロンで火傷《やけど》したんや」

電話と間違えてアイロンを耳に当てたので、火傷をして包帯を巻いていると言うのです。

翌日、またその人に出会ったら、今度は反対側の耳にも包帯を巻いています。

「いったい、どうしたんだ?」

「山田のやつ、またアイロンをかけているときに電話をかけてきたんだ!」


この笑い話のようなことはないにせよ、誰しも思わず知らず、自分のせいで具合が悪くなっていることでも、人のせいにしてしまうことがあります。その私たちが、人をたすける行いをする、人のために尽くす、人のために祈るようになれば、これは大きな前進です。親神様の教えを聞いて、人をたすけることこそが自分がたすかる道であり、陽気ぐらしの道につながるのだと知って、それを実行させていただく。これが間違いのない、確かな道なのです。

立教百七十八年（平成二十七年）六月

ノミのジャンプ

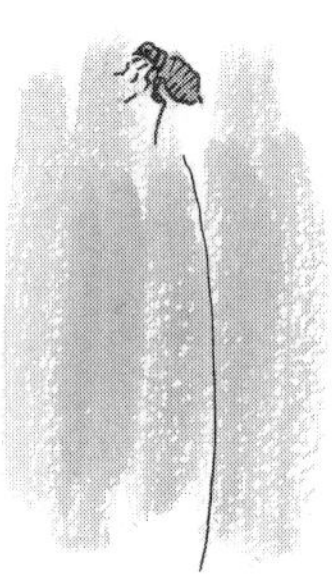

ノミという虫がいます。先日、この虫にまつわる面白い話を聞きました。
ノミというのは非常に小さいものですが、自分の体の五十倍から百倍くらいジャンプするのです。すごいですね。そのノミを、コップを裏返して中に閉じ込めてしまうと、当然、高く跳ぶことはできません。どうなるかというと、コップの底に当たって落ちるを繰り返すのです。そして、そのままにしておくと、コップを外しても、その高さまでしか跳べなくなるそうです。
人間も、神様から授かった能力は無限でも、嫌なことやつらいことがあると、自分で「これが限界」と枠や殻を作って、コップのなかのノミのように、そこまでしかジャンプしなくなることがあるのではないでしょうか。

私は、病気や事情は、私たちが自分で「もうここまで」「自分の能力はこんなもの」と決めてかかっている壁を突き破るチャンスとして、親神様が与えてくださっているのではないかと思うのです。病気になったら、普段は当たり前にできていることができなくなると考えがちですが、心の持ち方によっては、普段できないことができるようになる。私は、それが「ふし」だと思うのです。

最近、ある三十代の男性の話を聞きました。彼は、父親が末期の胆嚢《たんのう》ガンの宣告を受けました。家族はとてもショックを受けました。ところが、その直後、自分自身も肝臓ガンのステージⅡだと分かったのです。父親のことだけでも家族は大変なのに、自分の病気のことはとても言い出せないと、彼は悩みました。そこへ教会の人がやって来て、「〇〇君、親神様、教祖にもたれさせてもらおう」と彼を励ましました。しかし、その言葉にも勇めず、教会やお道に対する不足を並べ立てて、その人を追い返してしまいました。あとで冷静になってみて、自分は何も実行しないで文句ばかり言っていたと、少し反省したそうです。

そこへまた教会の人がやって来て、「十月のひのきしん隊に行かないか」と声を掛けました。前回のことがあったので、彼は一応「はい」と返事をしました。しかし、内心では「この体でつとめさせていただくのは、とても無理だ」と思っていたそうです。

それから二週間後、病院の診察がありました。検査の結果、「リンパ節に転移している。余命は二カ月」と宣告を受けました。彼には、男の子が二人いました。こんなに小さいうちに父親がいなくなると思うと、不憫《ふびん》でなりません。残った家族はどうなるのだろうと思ったら、なんとしてもたすけていただきたいという気持ちになって、「生涯、神様の御用一筋につとめます。おたすけをして通ります」と決心したのです。「ひのきしん隊に行くのは無理だ」と考えていた人が、生涯、神様の御用一筋に通る決心をしました。

十日後に再度、診察がありました。検査の結果、ガンが消えていたのです。彼は喜びいっぱいに修養科へ行って、教祖百三十年祭をおぢばで元気に迎えさせていただいたということです。

ノミの話に戻りますが、コップの高さまでしか跳べなくなったノミは、いったいどうすれば元に戻るか。自分の体の五十倍、百倍跳ぶノミのなかに入れたら、すぐに跳べるようになるそうです。私は、これが教会だと思います。教会へ行けば、自分の枠や殻でなく、神様を目標に歩んでいる人たちがいます。その人たちは、いわば五十倍、百倍跳んでいるノミの仲間です。そこへ入ることによって、すぐに自分も跳べるようになる。これが教会だと思うのです。また、そんな教会でありたいと思います。

立教百七十九年（平成二十八年）二月

Ⅳ 「変わる」ということ

想像力

先日、たまたまテレビをつけると、イカの生態をテーマにした番組をやっていました。そのイカは化けるのが上手で、たとえば岩陰に身を隠すと岩にそっくりの色に変わって区別がつかなくなるのです。餌《えさ》であるカニを捕まえるときには、海藻に化けます。足をフラフラと、まるで海藻が揺れているように動かして、気づかずに近づいてきたカニを捕まえてしまいます。

番組のナレーションによると、このイカは本気で海藻になりきって餌が来るのを待っているということでした。なるほどと思いましたが、実際には本気で海藻になりきっているのか、いい加減な気持ちでやっているのか、本当のところは分かりません。

イカに直接聞いた人は誰もいないのです。想像しているのですね。

アオリイカというイカがいます。このイカをヤエンという特殊な針で捕まえる漁がありますす。ヤエン釣りの名人の話によると、アオリイカはとても敏感で、針に付けた餌は食べないそうです。そこで、まず餌になる小アジだけを糸に付けて泳がせます。そうすると、それを見つけたアオリイカは、警戒しながらも少しずつアジを食べ始めます。そして、半分くらいまで食べると、大丈夫だと安心するのだそうです。アオリイカが安心して食べだしたころに、上からヤエンという特殊な針を、糸を滑らせて落としていく。そうすると、針に引っかかって釣れるというわけです。こうして釣られたアオリイカは、釣った人間を大きな目で恨めしそうににらむそうです。

これも本当かどうか分からない話だと思いました。アオリイカが安心して食べるというのも、ましてや恨めしそうににらむというのも、人間がそうだろうと想像している話でしょう。

このように、人間には想像力があります。動物の気持ちさえ、人間は推し量ることができるのです。これは素晴らしい能力です。これがないとどうなるかというと、自分のことしか考えられないことになります。そういう動物はたくさんいます。鯉《こい》や金魚は、自分の産んだ卵ですら食べてしまいます。シロクマやヒグマも、メス熊が仔《こ》熊を育てるときには、オス熊に遭《あ》わないように気をつけるそうです。殺されるかもしれないからです。ライオンでも、新しいボスのオスが、前のボスの子供を殺してしまうという話があります。自分本位に生きている動物はたくさんいるのです。

ところが、人間も最近は、想像力が乏しくなってきたようです。たとえば、日本の若い人たちや子供たちは、本が読めなくなったといいます。読んでも情景が浮かばない、物語を想像できない子供が増えているのだそうです。アニメや漫画やCG（コンピューターグラフィックス）のように、はっきり目で見ないと分からないのです。傷害や殺人事件を起こした人からも、血が出るところを一度見てみたかったとか、刺したらどうなるか試してみたかったなどという、とんでもない話が聞こえてきます。そんなことは簡単に想像がつくのではと思いますが、他人が傷つくということが実感として分からないのですね。

考えてみれば、こうした子供たちや若者たちの親の世代は、実はすでに個人主義に染まった世界に育っています。そうした親に育てられて、ますます人のことを想像できない人たちが増えているということなのだろうと思います。

そんな世の中だけに、私はぜひ教会へ、おぢばへ、子供たちやその親を導かせていただくことが大切だと思うのです。なぜなら、教会は見えないものによって動いているからです。教会へ来れば、目に見えない親神様のご守護や、教祖のおはたらきを感じることができるのです。

また、教会は欲や得で動いているわけではありません。教会に来る人たちは、心の真実というものによって結びついています。教会でひのきしんをして賃金をもらおうとする人はいないですね。

おぢばへ帰る人もそうです。「青年会ひのきしん隊」で一カ月間、ひのきしんをして賃金をもらおうとする人は一人もいません。修養科で三カ月間過ごしたら、どれだけお金をもらえるのかと考える人もいないのです。むしろ、自分の仕事を休んで修養科に入るのです。そこに欲得はありません。だから本当の友情、本当の信頼で結びついた仲間ができるのです。

「こどもおぢばがえり」では、「少年ひのきしん隊」や「わかぎおぢばひのきしん」に参加した中学生が、一生懸命ひのきしんをしています。世間的に見れば全くのタダ働きです。しかし、ひのきしんが終わるときには皆、泣いて別れを惜しんでいます。「どうだった？」と聞くと、笑顔で「良かった！」「来年も行く！」と言います。目に見えないものの有難さを感じることができたのです。親神様のご守護や教祖のおはたらきに気づいたのです。そして、仲間との信頼や友情といった、目に見えない心の結びつきを感じ、それがうれしくて「また来ます」と言っているのです。

いまの世の中、見えるものだけがすべて、という人が大勢います。子供たちの世界にまで、そうした考え方が蔓延《まんえん》して、自分さえ良ければいい、周りのことは何も慮《おもんぱか》ることができないという人が増えています。それだけに、ぜひ教会へ、おぢばへと導かせていただくことが大切だと思います。

立教百六十八年（平成十七年）九月

婚活ブーム

最近、こんな話を聞きました。ある学校の先生が、生徒にこう言ったそうです。

「結婚式場へ行ってごらん。○○家御結婚式、○○家御披露宴会場といった看板が掲げられている。昔からそうなっているけれど、別に家が結婚するわけじゃないんだ。親が結婚するわけでもない。君たちは自分の意思で結婚できるんだから、あんなふうに○○家とする必要はない。私は親の勧めで結婚したけれど、結局、離婚しなければならなくなった。そんな思いをみんなに味わってほしくない」

私はこれを聞いて、思わず笑いそうになりました。この話は、とんでもない間違いです。大恋愛の末に結ばれても、続いている夫婦もあれば別れる夫婦もあります。親

に勧められて結婚しても、幸せになる人もいれば別れる人もいる。この先生は、親に勧められて結婚したにもかかわらず離婚した。それが自分のせいではなく、親のせいになっているだけの話です。結婚するきっかけが、その人の幸・不幸を分けるのではありません。親のせいに、周りのせいにする生き方が、人を不幸にするのです。

最近「婚活」が流行《はや》っています。本人はもちろん、親が一生懸命に子供の結婚相手を探すことも含めて、〝婚活ブーム〟と言われています。〝お受験ブーム〟というのもありますね。不況で先行きの見えない時代だけに、なおさら子供には確かなものを与えてやりたい。婚活なら、良い配偶者を得たい。そういう思いがブームをつくるのでしょう。

しかし、自分以外のところに幸せの種を見つけるという考え方は危ういと思います。婚活で配偶者と結ばれても、病気になるかもしれない。事故に遭《あ》うかもしれない。素晴らしい会社に勤めるエリートだと思っていても、その会社が倒産することもあり得るのです。

夫婦、家庭の幸せは、誰かに与えてもらうものではありません。二人で築いていくものです。夫婦の問題は、つまるところ夫婦に帰すのです。

有難いことに、私たちが信仰しているこの教えは、陽気ぐらしの教えです。病気、災難、事故など、どうしてこんな目に遭うのだろうと思うような出来事も、それは決して悪いことではない。親神様が陽気ぐらしへと導いてくださるお手引きだと、私たちは知っています。こんなに明るい教えはありません。そこには、私たち子供をたすけてやりたいという親神様の親心がこもっているのです。こんなに頼もしいことはありません。このことを心に治め、夫婦が教えを胸に仲良くたすけ合って暮らすことが、明るく幸せな家庭を築く礎《いしずえ》になるのです。

立教百七十二年（平成二十一年）十一月

非常識

初めに、少し頭の体操をしてみたいと思います。まず、数字の一から九までのうち、どれか一つを選んで、頭のなかで思い描いてください。次に、その数字に三を足してください。それに二を掛けてください。そこから四を引いてください。そして、二で割ってみてください。最後に、その数字から、自分が最初に頭に思い描いた数字を引いてください。いくつになりましたか？　答えは一です。

実は、どの数字を選んでも答えは一になるのです。面白いですね。なぜ面白いのかといえば、選んだ数字は違うのに、結果は全部一つになる。常識を少し覆しているからです。

考えてみると、私たちが信仰しているお道の教えも非常識です。「身上・事情は道の華」と先人たちは言いました。けれども、病気や事情のもつれで悩んでいる人にとってみれば、とんでもない話です。身上・事情は不幸の種というのが常識であって、それを「華」などというのは、全くの非常識なのです。

徳積みや伏せ込みで運命が変わる。「人たすけたら我《わ》が身たすかる」とも教えられます。でも常識では、人をたすけたら人がたすかるのです。わが身がたすかるわけがない。非常識なのです。こうしてみると、お道の話はどれも非常識なのです。そして、この非常識が正しいかどうかは、実はやってみないと分からない。ですから教祖は、わざわざ五十年も自ら「ひながたの道」を通られて、私たちが分かるようにお遺しくださったのです。

どんなに美味《おい》しい物も、食べてみないと分からない。どんなに楽しいスポーツも、やってみないと分からない。お道の教えも、まさに「やってみないと分からない」のです。

今年も年の瀬が迫ってきました。お集まりの皆さんは、今日ここに参拝させていただける体力があって来られたわけですから、病気で苦しんでいる人も含めて、私はまだまだ結構だと思います。

世間には、果たして新年を迎えられるだろうかと、病気に苦しんでいる人や、諸々《もろもろ》の事情を抱えて悩んでいる人がたくさんいると思います。さらに本人だけでなく、家族、親族、友人など、一緒に悩んでいる人がいることでしょう。どうか、そんな人にもぜひ、たすけの手を差し伸べていただきたい。自分はこうして元気に、教会に参拝してお礼をさせていただける。それで良しとせずに、そうした人たちに、たすけの手を差し伸べていただきたい。たすけるのは神様ですから、「とても自分はおたすけなんてできない」というような心配は要らないのです。神様にお任せして実行していけば、やがて気がついたら、自分も神様から大きなご褒美《ほうび》を頂戴《ちょうだい》していたということになってくるのです。

「人たすけたら我が身たすかる」という教えは、いま世の中の常識ではありません。

しかし、お道を通る私たちは、この教えが〝世界の常識〟になるように、教祖のご期待にお応えする働きをさせていただきましょう。

立教百七十九年（平成二十八年）十二月

「布教の家」からのハガキ

人間ほど涙を流して泣く動物はいないでしょう。
この世に生まれるときから、「オギャー」と泣いて涙をボロボロこぼします。大人になっても、そうでしょう。嫌なこと、つらいこと、苦しいことに出くわして泣く場面がたびたびあります。
ほかの動物は、このようには泣きません。ワンとかニャーとか吠《ほ》えたり鳴いたりすることはあっても、犬が親を亡くして泣いたり、猫が虫歯が痛くて悲しんだりしている場面を見ることはありません。
陸上競技でゴールの瞬間をとらえた写真を見ると、どの選手も顔を歪《ゆが》めて苦しい表情をしています。笑っている人はいません。しかし、競馬のダービーがあった翌日のスポーツ新聞で馬の写真を見てみてください。必死に走っているはずだけれど、実にふわっとした顔をしています。喜怒哀楽がほとんど顔に出ないのです。

人間が想像して、犬がつらそうな顔をしているとか、猫が悲しそうに見えるということはあっても、ほとんどの動物はあまり表情が変わりません。なぜかといえば、一番の違いは、表情の元になっている心の違いなのです。動物には本能はあっても、人間のような心づかいはないのです。それがあるから人間は泣くのです。時にはうれし泣きをすることもありますが、大半は悲しくて泣くことが多いと思います。特に子供はそうです。涙を流して泣きます。これは心があるからです。

動物は、私たちのように心の闇路に迷うということはありません。その代わり、家族団欒《だんらん》の幸せを味わうこともないのです。人間だから、不足いっぱいの不幸な人生を歩むこともできれば、幸せいっぱい、喜びいっぱいの人生を歩むこともできる。すべては心次第なのです。

しかし、現実に病気で苦しんでいるときや、事情に悩んでいるときは、なかなか喜べません。それどころか、なぜ自分がこんな目に遭《あ》わなければならないのかと悩むのです。ほとんどの場合、その答えはありません。いくら考えても答えは出てこないのですが、それでも考えてしまいます。

大事なことは、神様を信じて、もたれて通るということです。信じてもたれるなかに、そのときは分からなくても、先になって「なるほど、こういうことだったのか」と得心がいくように神様がしてくださるのです。

神様は罰を当てておられるのではありません。その人の成人のために、その人に良かれと思って見せてくださっているのです。「なんでやろ、なんでやろ」と答えのない闇路をウロウロするより、「いまは分からないけれど、あとになったら成程《なるほど》という日が来るのだ」「神様は絶対に悪いようにはなさらない、私のために見せてくださっているのだ」と信じて歩むことが大切です。

実は今月の半ばに、「布教の家」へ行っている寮生から、ハガキをもらいました。

大変うれしいことが書いてあったので紹介したいと思います。

「布教の家」兵庫寮に来て、半年が経《た》ちました。毎日楽しく神戸の街を歩かせていただいております。いまから六年前、うつ病で天理高校第二部を辞めないといけなくなったとき、会長様は私に、「うつ病は、いま最先端の病気や。あんたは、その人たちの気持ちが分かってあげられる。あんたのこれからが楽しみや」と話してくださり、私と両親がそのお言葉にどれだけ勇気づけられたことでしょうか。そのときは、まさか自分がにをいがけに歩くことができるなんて、夢にも思っていませんでした。いま、こうして毎日元気に布教に歩けることが本当に有難いです。

実際、歩いていても、私がうつ病だったことを告げると、相手も「実はうつ病で……」と心を開いてくださることがあります。いんねん寄せて守護する。気持ちが分かるからこそ、お互いにたすかる道へと歩むことができる。兵庫寮に来て、いんねんの自覚をし、どれだけいままで自分が親不孝をしてきたか、また親々の伏せ込みのおかげで、どれだけ結構に歩ませてもらってきたかということを、常々に感じさせていただいております。

残り半年、しっかりとご恩報じの道を歩ませていただき、大教会長様、奥様に喜んでいただけるよう、どんななかも喜び勇んで歩かせてもらいたいと思います。

六年前、両親に連れられて、祭典後のおさづけの列に並んで私の前に来たときは、うつむいて、学校を辞めなければならないと言っていました。その子がいま、毎日、人をたすける道中を歩んでくれている。たすけてほしいという側から、たすける側へ回って、喜び心でにをいがけをしてくれているのです。本当にうれしいことです。しかし六年前には、本人も自分の今日の姿を想像もしなかったのです。

私は、この姿だと思うのです。そのときは何もかも分からない。けれども、神様は絶対悪いようにはなさらない。この子は高校を辞めましたが、いまはこうして神様から大きな宝を頂戴《ちょうだい》して、毎日勇んで通っているのです。人生、悪いことは何もない。すべて、私たちをたすけてやりたいとの親心で、お見せくださることばかりなのです。

立教百七十九年（平成二十八年）九月

たすかるキーワード

よく、物事に「ひたむき」に取り組むという言い方をします。

「ひたむき」という言葉は、一生懸命、健気《けなげ》に、一途《いちず》に、真面目《まじめ》になど、そういう意味を含んでいると思います。このことが私は大事だと思います。

子供がひたむきに、一途に、一生懸命、健気に努力している姿は、親神様からご覧になれば、「いじらしい」とお感じになると思うのです。をやが「いじらしい」とお感じになったら、絶対に救いの手が伸びる。たすけてくださる。私は、たすかる元は「いじらしい」と感じていただけるかどうかだと言ってもいいような気がするのです。

私の育ての母・富子は水泳選手でした。母は信仰のうえでは全くの一信者、一ようぼくでしたから、河原町大教会長であった父のところへ嫁ぐときは、ずいぶん不安だったようです。

その母に、長老の役員先生が、こう言ったそうです。

「奥さん、心配せんでよろしい。奥さんが一生懸命つとめているその姿を、神様が『いじらしいな』とお思いになったら、絶対、身は立っていく。一生懸命、健気につとめている姿さえ受け取っていただいたら間違いない」

母は「『なるほど』と思って努力した」という話を聞いたことがあります。私もそれを聞いて、なるほどと思いました。「布教の家」の若者が、人生経験も少なく、おたすけの体験も無いなかで、大きな成果を上げるのも、このいじらしい姿があるからだと思います。

結婚したカップルにも、私はよくこの話をします。いじらしい夫婦になろう。いきなり立派な夫婦になれるわけがない。しかし、教祖から「いじらしい」と思ってもらえるような夫婦にはなれる。「いじらしい」という言葉は、たすかるキーワードだと思います。

立教百八十年（平成二十九年）一月

京の職人

聞くところによると、桜には「神様の宿る木」という意味合いがあるのだそうです。桜の「さ」というのが、そういう意味なのです。たとえば、昔は田植えのときに神事が行われました。その際、田植えをする少女を「早乙女《さおとめ》」と言いました。この「早乙女」の「さ」も同じです。ほかにも、早苗《さなえ》、五月雨《さみだれ》など、農事に関する言葉で「さ」の付くものは多いようです。また、神様に供える木の枝を「榊《さかき》」と言います。たぶん「酒」というのも、そうなのでしょう。

桜は、冬は枯れて寂しい状態ですが、春になって花が咲くと、人々は神様が降りてきてくださったように感じたのです。その桜の下で神様に勇んでもらおうと宴席を持

ちました。いまは、神様のことを思ってお酒を飲んでいる人はいないでしょうね。元は神様に勇んでもらおうというのが、花見の宴なのです。

京都は至る所に桜が咲いていて、桜の名所だらけという気がします。昔はそんなことはありませんでした。たとえば、禅宗のお寺は紅葉の名所、真言宗のお寺は桜の名所というふうに分かれていました。

二、三年前、私はある人を案内して紅葉の名所に行きました。順路に沿って山のほうへ歩いていくと、なるほど見事な紅葉が行く先々で目を楽しませてくれました。ところが、帰路の途中は桜だらけなのです。さほど大きい木ではなく、根元に立てられた札に「誰々様お手植え」と書いてあります。寄付をすると桜の植樹ができて、名前を掲示してくれるのです。ちょうど、お坊さんがいらしたので「どうして桜を植えているのですか?」と尋ねてみました。

「いや、紅葉だけだと、秋しか人が来てくれないので。春は桜を見に来てくれたらいいなと思いまして……。ほかに、アジサイも植えてあるんです」

なんだか節操がないような気もしますが、これも、一人でも多くの人に来てもらおうというサービス精神の表れなのでしょう。とにかく、いまの京都は桜だらけです。

しかし、京都の町というのは、もともとそんな気風ではなかったと思います。天皇、公家、そして町衆を中心とした文化の街でした。いまでも「一見《いちげん》お断り」の店があるくらいです。商人の町である大阪なら、できるだけ安く良い物をたくさん作って儲《もう》けることを考えるでしょうが、京都の人々は、最高の物を作って、それを天皇に捧《ささ》げることで生計を立ててきたのです。大儲けはないけれども、それで生活してきたのです。

京都の町を歩くと、いまでも白地に黒い字で店の名前を書いた暖簾《のれん》が下がっている所があります。御所《ごしょ》の仕事をしてきた御用達のお店です。「有職《ゆうそく》」と呼ばれる職人さんのお店もあります。いまでも目立たないところに腕の良い職人さんがおられます。

そのなかの一人に、錺《かざり》金具職人の森本さんという方がいます。新しくできた京都迎賓館や熊本城の本丸御殿の錺金具を手がけた方です。おぢばの教祖殿には大きな襖《ふすま》があって、それに見合った大きな引手《ひきて》が付いています。あれも森本製です。大教会の神殿の太鼓の金具も森本さんの作です。

その森本さんに聞きました。

伊勢神宮では二十年に一度、式年遷宮《せんぐう》が行われます。お社《やしろ》には、釘隠《くぎかくし》のための錺金具がたくさん用いられ、森本さんはその製作を担当しています。それは見事な錺金具です。しかし、遷宮が済むと誰もそれを目にすることはないそうです。これとは別に、奉納される刀の鞘《さや》の製作も担当しておられます。それも同じで、人の目に触れることはありません。森本さんは、そうしたものを作っているのです。「いつから作り始めるのですか？」と尋ねると、遷宮の十年前から準備にかかるという話でした。二十年に一度の儀式のために、その十年前から取りかかるというのです。その繰り返しによって、貴重な技術が今日まで伝えられてきたということでした。

すごいですね。出来上がった物を誰も見る人がいなくても「最高の物を」という思いで、何代にもわたって仕事を続けてきた素晴らしい職人の世界があることに、つくづく感心しました。

このことは、信仰の世界にも通じると思います。私たちは、どうしても人の目を意識して右往左往することがあります。良く思われたい、悪く言われたくないという気持ちは誰しも持っています。一方で、神様が私たちの姿をご覧になっていることも知っています。

神様が喜んでくださるのは、私たちが人をたすける生き方をすることです。そして、それが本当に幸せな人生、生き甲斐《がい》のある人生につながっていくことを、教祖は教えてくださいました。私たちも京の職人さんのように、人の目を気にせず、神様を目標に、この道を歩ませていただきたいものです。

立教百八十年（平成二十九年）四月

カウアイ島のコオロギ

先ごろ、生涯未婚率の発表がありました。この調査は五年に一度行われるもので、男性が二三・三七パーセント、女性が一四・〇六パーセントと、どちらも前回より三ポイントずつ上昇したとのことでした。

調査が始まったのは昭和四十五年（一九七〇年）、大阪万博の年です。初回の調査結果は、男性が一・七パーセント、女性が三・三パーセント。つまり当時は、ほとんど皆結婚していたのです。それがいまでは、男性の四人に一人、女性の七人に一人は生涯独身で過ごすようになっています。

もちろん、結婚しなくてはいけないというわけではありません。しかし、十八歳か

ら三十四歳までの男女に対する調査では、いずれ結婚したいと考えている人が男性八六パーセント、女性八九パーセントと、ほとんどの人が結婚を望んでいるのです。それが現実には、なかなか結婚できない状況なのです。

最近は、いわゆる草食系の若い男性が増えたといいます。結婚しようと思うと、当然のことですが、二人の絆《きずな》を強めるための努力が必要です。しかし、その努力がいつもうまくいくとは限りません。時には自分が傷つくこともあります。また、両家の親と家族、親戚《しんせき》などに承知してもらうにも、相当の労力が伴います。皆、努力をして結ばれていくわけです。草食系といわれる若い男性は、そうした努力をすること自体が苦手なようです。

けれども、努力しないとチャンスは遠のくばかりです。また、結婚に伴う努力というのは、実は自分の成長を促すものでもあります。自己中心的な考えから、相手のことを思いやる心へと変わらないことには、結局、結婚してもうまく添い遂げられないことになりかねません。

結婚のために努力しているのは、人間だけではありません。動物や鳥や魚や昆虫も、ペアリングのための努力をしています。

ハワイにカウアイ島という島があります。この島に住むコオロギのオスは、九五パーセントが鳴かないそうです。普通、コオロギのオスは羽を擦り合わせて鳴きます。その鳴き声にメスが引き寄せられて交尾するのです。ところが、このカウアイ島のコオロギは五パーセントのオスしか鳴きません。なぜ鳴かないかというと、鳴き声に反応する天敵がいるのです。それは寄生バエです。オスが鳴くと、メスが寄ってくるのと同時に、このハエも寄ってきます。そして、鳴いているオスの体に卵を産みつけます。だいたい一週間くらいでオスは死に、成長したハエが飛び立っていくそうです。つまり、オスにとって鳴くことは、死を意味するのです。

しかし、鳴かないと繁殖できない。このコオロギが子孫を残せるのは、五パーセントのオスが自分を犠牲にする覚悟で鳴いているからなのです。実際の様子は、次のようなものです。オスが鳴き始めると、その声を聞きつけてメスがやって来ます。さらに、ほかのメスや、鳴かないオスも続々と集まってきて、それぞれ交尾をするのです。こうして子孫はたくさん残せるのですが、鳴くオスはハエに見つかって寄生されてしまいます。

ちなみに、鳴くオスの子供も鳴くそうですが、増えたら増えただけハエも増えるので、結局のところ、鳴くオスは五パーセント以上に増えないのだそうです。

大変な努力をしていると思いませんか。まさに、自己中心的ではできない繁殖の営みです。そう思うと、人間も「自分が傷つくのは嫌だ」「手間暇かかって大変だ」などと思わず、できる努力をしたいものです。

そして結婚後は、たすけ合いが大切です。まず、自分が相手をたすける心になることです。相手に求めるのではなく、相手をたすける心になる。お互いそうやって通るなかに、内々睦《うちうちむつ》まじく過ごせるご守護を頂けるのです。そして、その姿を夫婦から家族へ、世の中へと映していくなかに、陽気ぐらし世界が実現していくのです。

このことは、これから結婚する人、あるいは結婚したいと思っている若い人たちだけの話ではありません。すでに結婚生活を送っているお互いも、心したいものです。人をたすける心を自分の生き方の基本に置き、まずは夫婦、家族の間でそれができているかどうかを振り返る。そして、できていないところは反省して改める。若い人たちのお手本になるような、夫婦にならせていただきましょう。

立教百八十年（平成二十九年）五月

体の値打ち

生まれてから大学を卒業する年ごろまで、親の脛《すね》を齧《かじ》っている人は多いことと思います。

その間にかかる費用は、どれくらいか。現在は平均三千万円といわれています。学費をはじめ、塾へも行きますし、クラブ活動をするにもお金が必要です。それらにかかる費用は、子供が社会人になって会社勤めをするようになったからといって、容易に返せるような額ではありません。好きな人ができて結婚することになっても、式の費用の一部を親の世話にならねばならないという人も少なくありません。それまで加えれば、親が子供にかける費用というのは三千万円では済まないかもしれません。

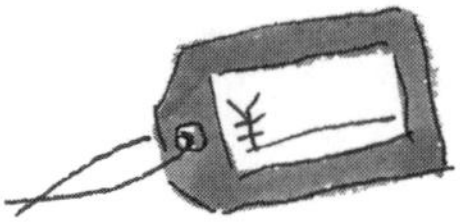

しかし、どうでしょう。子供を育てた人で、金銭的に元が取れたという人はいるでしょうか。おそらく、そうではない人が大半だと思います。でも、子供に「金を返せ」とは言いませんね。もともと損得勘定で育てていないのですから、そんなことは言わないのです。それが親心です。この親心に気づくことが、実は子供の幸せにつながるのです。

親心を感じると、うれしくなりますね。そして親孝行をしたくなります。親孝行をしたら、どうなるでしょう。親子団欒《だんらん》、家族団欒の姿になるのです。これは親にとっても、子供にとっても、幸せなことなのです。

しかし、親のほうから「おまえにこれだけしてやった」と言うと、恩着せがましくなります。子供が親の恩を感じなければだめなのです。子供が気づき、そして親孝行をする、そこに私は、家族団欒の元があると思うのです。「いや、うちの親はひどい親だった」といっても育ててくれたのです。可愛《かわい》がって育ててくれた日があったのです。だから大きくなれたのです。このことは、人間として押さえておくべき基本だと思います。

人間の親は親神様です。私たちが親神様から授かっているものは、三千万円どころではないと思います。以前はそういう話になると、人工臓器の話を引いて「だいたい心臓を作るのに、これくらいかかる」というような言い方をしましたが、いまの技術ならどうでしょう。体外に着ける人工心臓なら三百五十万円、体内なら一千八百万円くらいするそうです。

では、人工でない臓器の値段はいくらなのか。いまは人体パーツの闇市場があって、私たちの体のなかにある本物の臓器を取引しているそうです。ある報道によると、腎臓が二千六百万円、肝臓が一千五百七十万円、心臓が一千二百万円、肺が片方で一千万円、小腸が二十五万円、眼球が二個で十五万円、頭蓋骨《ずがいこつ》と歯で十二万円、胆嚢《たんのう》が十二万円、胃が五万円、肩が片方で五万円、手が片方で四万円、肘《ひじ》が片方で四万円、足首が片方で十万円、膝《ひざ》が片方で十万円、骨髄が高くて二億円。そのほか、もっとありますが、全部足すと約三十一億円になるそうです。これは神様が創《つく》った値段ではありません。裏取引の値段です。

すごい金額だと思いますが、これに相当するパーツの機能を、私たちは神様から貸していただいているのです。それだけではありません。生まれたときから飲んでいる水、太陽の光、空気。そして毎日食べている食材も、神様のご守護なしには存在しません。それらを光熱費や食費に換算すれば、いったいどれほどの金額になるでしょう。途方もないことは誰でも分かります。

しかし、親神様は何もおっしゃいません。すべて無償提供なのです。そこに私たちが気づかなければいけないのです。人間の子供が親の恩に気づいて親孝行することによって、自分自身も幸せになれるように、私たちは親神様のご恩を知って、ご恩報じをさせていただくことによって幸せになるのです。

そのためには、どうしたらいいのか。「この体は自分のことをするためにあるのではない。人をたすけるために使わせていただく。世の中や社会に尽くさせていただく。そのために、私たちは生まれてきたのだ」と自覚するのです。「人たすけたら我《わ》が身たすかる」。この実行が親神様のお望みです。をやの期待に応えることが、実は親孝行であり、自分自身をはじめ子供や孫が幸せになる間違いのない道なのです。

いま病気で苦しんでいる人は、ぜひ「自分の病んでいるところは、いったいどれほど値打ちのあるものなのか。それを今日まで使ってきたことが、どれほど結構か」ということを感じていただきたいと思います。病気になってみて、健康の有難さが身に沁《し》みるというのは誰にもあることでしょう。前述の臓器の値段だけでも、かなりの額になります。それを私たちはタダで使ってきたのです。

「病んでいるとはいえ、全身のことを考えたら、これだけ使わせてもらっている」「痛くてつらいとはいえ、それでもこうして生きている」。その有難さ、結構さを味わい直して、心を入れ替え、をやの思いに応える道を歩んでいただきたい。前向きに親神様の思召《おぼしめし》に沿う努力をさせていただきましょう。

立教百八十年（平成二十九年）七月

日本語は面白い

京都の街は、昔と比べて観光客が増えました。特に海外の方が多いですね。街を歩いていると、聞き慣れない言葉がずいぶん飛び交っています。しかし私たち以上に、外国人が日本語を理解するのは大変なことのようです。

日本語はなかなか難しい。たとえば、虫の音を聞いて楽しむのは、日本人くらいだそうです。ですから鈴虫、松虫、轡《くつわ》虫というように、虫に名前が付いているのです。そして、鳴き声をちゃんと区別しています。ほかの国では普段、虫のことはすべてまとめて「虫」と呼ぶと聞いたことがあります。

虫という言葉は、ほかにもいろんな使い方をします。たとえば「あの人は本の虫

だ」と言います。この場合の「虫」というのは、昆虫ではありませんね。また、昔の人は自分の感情が動くのは、お腹《なか》にいる虫のせいだと考えました。「塞《ふさ》ぎの虫」などと言います。「泣き虫」とか「弱虫」というのもあります。そのほか「虫の居所が悪い」「腹の虫が治まらない」「虫酸《むしず》が走る」など。

また「浮気の虫」というのもあります。人も虫になるのです。「あの子に悪い虫が付いた」と言ったりします。「お邪魔虫」というのもあります。「苦虫を噛《か》み潰《つぶ》した顔をしている」などと言いますが、本当に苦虫を噛んだ人は一人もいないはずです。

同じように面白いと思うのが、「○○のようなもの」という言い方です。たとえば、大きな川が目の前にあると「海のような」と言います。本当に海と思っているわけではありません。海に似ているけれど川なのです。「羊羹《ようかん》のようなもの」というのは、羊羹ではないのです。似て非なる物、似ているけれど実は違うものを、「○○のようなもの」というのです。

では、似て非なる物を例える使い方がすべてかというと、そうではありません。

ある人と出会って、

「あんた、この間、すごい美人と、それも腕を組んで、えらい親しげに歩いていたけど、あの人があんたの奥さんか?」

「いや、あれは妻ではない」

「あんなに仲良くしていたのに。あの人はいったい誰?」

「いやまぁ、あれは妾《めかけ》のようなもんや」

と言ったら、これは愛人そのものなのです。この場合は、そのものずばりなのです。日本語というのは、面白いものですね。

さて、教祖は人をたすけなさいとおっしゃいました。私たち信仰する者は、人をたすけるのが御用です。その際も、「もうたすかったようなもんや」と言って、九割たすかったけれど残念でしたでは、たすけたことにはなりません。「ようなもの」では、だめなのです。

虫の話に戻りますが、「おたすけの虫」になることだと思います。おたすけに熱中するなんて、そんなことができるのかと思うかもしれません。しかし、実際に「この人にたすかってほしい」と思ったら、一生懸命になってお願いするものです。電話がかかってきても、その人のことではないかと思ってドキッとします。一生懸命になって、熱中できるのです。そしてそのとき、自分の悩みはどこかへ飛んでしまっています。

人をたすけることに夢中になる。これが、自分が大きなご守護を頂く元にもなるのです。〝おたすけの虫〟にならせていただきましょう。

立教百七十九年（平成二十八年）五月

心の健康

平成二十九年の総務省の発表によると、日本で九十歳以上の人が初めて二百万人を超えて二百六万人になったそうです。これはすごい数字ですね。いまから十三年前の平成十六年に、初めて百万人を超えました。それからわずか十三年で百万人増えて、ほぼ倍になったことになります。

さらに遡《さかのぼ》って昭和五十五年（一九八〇年）、いまから約四十年前に、九十歳以上の人がいったい何人いたと思いますか。わずか十二万人です。それがいまは二百六万人。ものすごい増え方だと思いませんか。私たちの世代からすると、生きている間の出来事です。その間に、十二万人が二百六万人になったのですから、すごい変化です。

平均寿命も延びて、厚生労働省の発表では、男性は約八十一歳、女性は八十七歳。どちらも世界第二位とのことです。第一位は両方とも香港ですが、人口が少ないですから、実質は日本が〝世界一〟と言えるでしょう。

しかし、喜んでばかりもいられません。寿命には「健康寿命」というものがあります。これは、健康で元気に暮らせる平均年齢です。日本人では男性七十一歳、女性七十四歳。ということは、単純に男性は平均寿命の八十一歳までの十年間、女性は八十七歳までの十三年間は、病気をしているという話です。つまり、長生きになったけれど、その分、病気をしている期間も長いということが言えそうです。

元気で長生き、これは結構です。病気で長生き、果たしてこれはどうなのか。九十歳以上の人が増えたといっても、そのなかには、ベッドの上でただ死ぬのを待っているような状態の人、大変な病気を抱えて長年苦しんでいる人、周りの人の介護のおかげでなんとか生きている人、あるいは体は元気だけれども、家族に先立たれ、友人や知人もみな先に逝《い》ってしまい、孤独で嘆き悲しんでいる人など、さまざまな人がいると思います。ですから、二百六万人が九十歳を超えたのは確かにすごいことですが、必ずしも喜んでばかりはいられないのです。

二、三日前に、ガンの患者が百万人を超えたと発表がありました。同時に、日本人の二人に一人はガンになるとも述べられていました。九十歳以上の二百六万人のなかにも、ガンで苦しんでいる人はかなりいるのではないでしょうか。そう考えると、二百六万という数字は、表面上は幸せな数字であるけれど、悲しい数字も含まれているということになります。

私が今日お話ししたいのは、「心の健康」についてです。健康寿命というけれど、それは体の話です。一番大事なのは心の健康です。九十歳まで、いきいきとした心で生きているかどうか。実は、これが一番大事なのです。私たちは、どんななかも喜んで通ることのできる「陽気ぐらし」の心づかいを知っています。こんな有難いことはないのです。九十歳まで長生きする人が増えたといっても、それを「有難い」「結構や」と喜んで通っている人が、果たしてどれだけいるでしょうか。これには統計がありません。

有難いことに、私たちは、心いきいきと生活させていただける術《すべ》を教えていただいている。そのことを、しっかり喜ばせていただいて、報恩感謝の実践に励ませていただきましょう。

立教百八十年（平成二十九年）九月

「変わる」ということ

実は今月の二十六日で、私がこの教会の会長を拝命して三十年になります。拝命した翌年に、教会創立百周年と神殿落成奉告祭と会長就任奉告祭を勤めさせていただきました。ついこの間のことのようですが、来年で教会創立百三十周年を迎えるのですから早いものです。

「会長を三十年務めてどうだったんだ」と問われれば、内心「もっとできたんじゃないか」と、いろいろ反省することばかりです。それでも、曲がりなりにも今日を迎えさせていただいたのは、親神様、教祖のおかげ、真柱様、三代真柱様のお導きのおかげ、河原町につながる大勢の信者さん、教会長の皆さんに引き立てていただいたおか

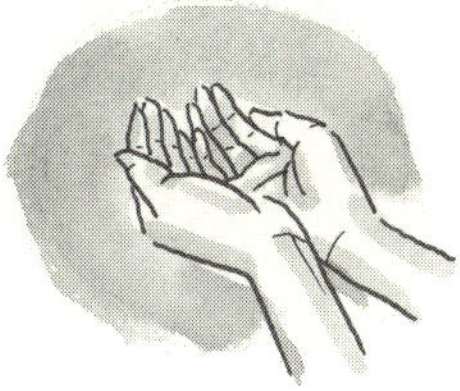

げ、そして私が不在の間、留守を預かってくれる役員衆のおかげであります。本当に有難いことです。

また家庭にあっては、妻のおかげであります。私の身の回りのことから、家事一切、両親の介護、子育てまで、本当に何もかも妻がやってくれて今日があります。本当に有難いことだと思います。

私と妻は、たぶん誰が見ても仲の良い夫婦だと思います。仲良く見えるというより、仲が良いんです。仲が良い夫婦でいられるのは誰のおかげかといえば、これも妻のおかげです。

私の父は、母と結婚して一緒に過ごしたのはわずか三年半です。三年半で母が出直しました。私と妻は今年で三十八年目を迎えます。そのことを考えても、本当に有難い。こんなに幸せなことはないと、つくづく思います。何もかも妻のおかげです。

では、妻に何も注文がないのかと言われれば、一つだけあるのです。それは洗濯です。ちゃんとしてくれるのです。ワイシャツや下着など、洗濯してほしいものは洗濯カゴに入れておけば、きちんと洗濯してくれるのですが、問題はズボンです。ズボンは毎日穿《は》き替えませんね。私がもう少し穿くつもりでいても、妻が気を利かせて洗濯してくれることがあります。その際に、三十八年間変わらず、ポケットのなかを確認しないという習慣が妻にはあるのです。ですから、洗濯が終わったズボンのポケットに手を突っ込むと、クシャクシャになったハンカチが出てくるのです。ハンカチくらいはいいのですが、大切なメモが残骸になっていることがよくあります。「なんとか直してくれよ」と言ってきましたが、直る様子はありません。

先月、大教会で巡教員の研修会を開いて、講師として元アナウンサーの方に来ていただきました。その人が、こんな話をしていました。

「『君はここがこうだ』とか、『こんな癖があるから直せ』と言われると、思わずムカッとするものです。けれど、直すんじゃない、『変えるんだ』『変わるんだ』と思えばできる。皆さんも、お話に癖があるとか、『ここを直せ』と言われたときには、変えてみる。変えるという気持ちになれば素直にできますよ」

私はそれを聞いて、「そうか！」と思いました。妻に「直せ」ではなく「変えろ」と言うべきだった。考えてみると、「直す」というのは「元はできていた」ということです。妻がポケットを確認しないのは、ずっとそうなのですから、直すことではなかった。しまったと思いましたが、今さらでしょうね。

これは半分冗談ですが、大事なのはここからです。この「変わる」「変える」ということについて、実は大変素晴らしい話を聞きました。先月、一月二十六日の本部春季大祭の夜に、ある大教会長さんから電話を頂きました。

「実は今日、本部の神殿で、ある若者が『おさづけをさせてください』と言ってきた。天理教校学園高校の生徒です」

その会長さんは、若者と次のようなやりとりをしたそうです。

「えっ、君は皆に声を掛けて回っているのか」

「はい」

「いつからやってるの」

「一月十二日におさづけを戴《いただ》いたその日からやっています」

「じゃあ、自分が取り次いでもらったら、いったい何人目？」

「二百三十四人目です」

「なぜ、そんなことしているの」

「自分は将来、奇跡を起こせるような、格好いい布教師になりたいと思うんです」


教会名を尋ねたところ、河原町だったとのことで「すごいな。素晴らしい若者や」と大変喜んで電話をくれたのです。私はお礼を言いながら、誰なのかすぐに分かりました。「そうか、その勇気は父親譲りやな」と思いました。

それから五日後、私が教祖殿の当番をしていると、ある詰員の方に声を掛けられました。

「先生のところの若い人に『おさづけをさせてくれ』と言われました。『いつもそうしてんのか』と言ったら、『いつもです』。『どこでやってるのか』と聞くと、『神殿や教祖殿の周りで、また詰所の周辺で声を掛けて回っています』とのことでした。大したもんですね。知っていますか？」

「いや、つい最近知ったんです。何回目か言ってませんでしたか？」

「たしか、三百何回って言ってました」

五日間でそれだけ増えている。おそらく彼は、今日もやっているのではないかと思います。もう四百人、五百人になっているかもしれません。

その若者は一月十二日、まさにようぼくになったその日に生まれ変わったのです。ようぼくになったから毎日の生活が激変するかといえば、そんなことはありません。しかし、彼はその日から、おたすけ人に生まれ変わっている。素晴らしい変わりようですね。もうすでに、格好いい布教師になっているように私は思いました。

この話を通して、私が言いたいことは、この「変わる」ということです。病気に苦しんでいる方、事情で悩んでいる方にいつも言うことですが、身上や事情は決して罰

が当たったというわけではありません。私たちがもっと陽気ぐらしに近づけるように
と、親神様がお手引きくださっているのです。
では、病気になって、自分はいったい何が変わったのか。事情を見せていただいて
何が変わったのか。もし何も変わっていないのなら、「変わる」ことが大事だと思う
のです。自分で変わる、自分で変える、これが〝たすかる種〟だと思います。
親神様にすがることは大切です。もう一つ大切なことは、「変わる」ということで
す。成人するということです。人から「病気をしてずいぶん変わりましたね」と言っ
てもらえるような、あるいは「病気や事情のおかげで変わることができました」と言
えるような自分になる努力をしていただきたい。親神様はきっと、「期待に応えてく
れた」と、お喜びくださるに違いないと思います。
この若者を見習って、お互い、ようぼくらしいようぼくに成人させていただきまし
ょう。

立教百八十一年（平成三十年）二月

チンパンジー語

桜の咲くころになると、京都の神社では季節限定のおみくじを出すようになりました。「桜《はな》みくじ」と言うそうです。普通、おみくじには、吉とか中吉、大吉などと書いてありますが、桜みくじには「咲き初む」「五分咲き」「満開」などと書いてあります。そして引いたあとは、空欄に願い事を書いて枝に結ぶのです。「良縁に恵まれますように」とか、「素敵《すてき》な彼氏ができますように」などと書いて枝に結ぶわけです。

このおみくじが三百円。紙代と印刷代を考えると、ちょっと高いのではと思いますが、おみくじを買う側からすると、良縁、素敵な彼氏、恋人が三百円なら安い。高いような安いような、いずれにしても、少しお手軽な感じがしますね。

この「良縁に恵まれる」「素敵な彼氏が」というのも出会いです。四月は出会いの時です。進級、進学、入社、異動、転勤する。あるいは自分は動かなくても周りが動けば、やはり新しい出会いがありますね。

人と人とが出会えば、まずあいさつを交わします。「はじめまして」「おはようございます」「こんにちは」といったあいさつから、人間関係が始まります。このあいさつは、はるか昔に人類が身につけたものです。実は、進化の過程でチンパンジーと人間が分かれる前から持っていたもののようです。

チンパンジーは、目上の仲間と出会うと、「あ」と言うそうです。そして目下の仲間と会うと、「お」と言うのです。目上には「あ」、目下には「お」と言うのが、チンパンジー語でのあいさつなのです。

私たちはどうでしょう。目上の人と出会ったら、「あ、こんにちは」「あ、おはようございます」というように、やはり「あ」と言いますね。目下の人と出会ったら、「お、元気か」と言います。目上には「あ」、目下には「お」と言うのです。逆はないでしょう。目上の人に「おう」とは絶対に言いません。目上には、やはり「あ、こんにちは」と言います。チンパンジーと同じ種《しゅ》のころから、私たちも目上には「あ」、目下には「お」と言いながら、社会生活の基盤をつくってきたのだと思います。

ところが、自分でこう言いながらも、少しだけ疑問があるのです。アメリカやロシアや中国でも、目上に「あ」と言うのかな、と。しかし、少なくとも日本ではそうですね。目上には「あ」、目下には「お」。そうやって心を通わせてきたのです。最近は、あいさつが苦手な若者が増えているようですが、お互い、まずは日々のあいさつをしっかりさせてもらいたいものです。

幼児が転ぶ。転んだそのときは泣いていないのに、お母さんが駆け寄って「大丈夫？」と声を掛けたら、急に泣き出して抱きつくという姿をよく見かけます。あれはどういうことかというと、転んだときは泣くほどの痛みではないから泣いていないのです。けれども、人間には体の痛みだけではなく、心の痛みがあります。抱いて「よしよし」とあやしてもらって、それで癒《い》やされているのです。

実は、これは小さい子供だけではありません。大人もそうなのです。病気で苦しんでいるといっても、病気だけではない。「この病気は治るのか」「いつまでこの苦しみが続くのか」「家族の生活はどうなるのか」。これらはすべて、心の悩みなのです。体の痛みそのものではないのです。

そう考えると、お母さんが子供に掛ける「大丈夫?」の一声は、とても大切です。私たちも、子供だけでなく、出会う人々にも、まず声を掛けたいものです。「はじめまして」「おはようございます」「こんにちは」、そして「大丈夫?」。そういう声掛けのできる私たちでありたい。そんな声掛けに励ませてもらいたいと思います。

立教百八十一年(平成三十年)四月

キンカチョウ

キンカチョウという小鳥がいます。オーストラリアやインドネシアを原産とする、スズメ科の一〇センチくらいの可愛《かわい》い鳥です。くちばしがオレンジ色で、オスは頬《ほお》もオレンジ色という、カラフルで可愛らしくて、小さいときから飼えば手乗りにもなるので、アメリカや日本でもペットとして愛好されています。日本には明治以前から入ってきているようです。実に可愛い小鳥なのですが、このキンカチョウを研究材料にしている人もいます。

その研究成果によると、キンカチョウのメスは、配偶者として綺麗《きれい》でカラフルなオスを選ばないそうです。何を基準にしているのかというと、鳴き声なのです。さえず

りですね。キンカチョウの鳴き声は一羽一羽みな違います。そして、複雑な鳴き方をすればするほど、メスが魅力を感じてくれるらしいのです。

オスはまず、父親から鳴き方を学びます。その後、さらに自分で工夫を重ねます。父親から学んだそのままではないのです。ですから、父親と子供の鳴き方は違うし、兄弟でも違うのです。そして、工夫を凝らし苦心して鳴いたら鳴いただけ、メスが近寄ってきてくれるのです。

この研究では、もう一つ、ある実験をしました。蓋《ふた》の付いている透明の箱に餌《えさ》を入れておいて、餌をどう工夫して取るかというものです。結果は、複雑な鳴き方を身につけたキンカチョウが、餌を取るのも早いのだそうです。結局、メスは工夫や苦心のできるオスを選んでいるということなのでしょう。そういうオスを、メスは鳴き声で選んでいるというのです。

私は、人間にも同じことが言えるのではないかと思います。人間も見た目がいいに越したことはありません。しかし、外見がすべてかといえば、そうではない。やはり中身が大事です。その中身をいったい何で知るかというと、まずは声、そして話す内容だと思います。

私たちは皆、人を喜ばせようとか、勇ませようとするときには、自然と優しい声になります。腹を立てて人を罵倒《ばとう》するときは怒鳴り声になります。同じ人間でも、優しい声も出せば、怒った声も出せるのです。そして、当然のことですが、優しい声のほうが人を惹《ひ》きつけます。怒鳴り声では人は寄ってきません。人から喜ばれるような声を出したいものです。

そのためにはまず、優しい心にならないといけませんね。腹のなかでムカムカしているのに言葉だけは優しい。そうはいかないのです。お道の教えでいえば、人をたすける心になったとき、本当に心から優しい言葉が出てくると思うのです。キンカチョウを見習って、私たちも努力させてもらいましょう。実は、そこが運命の分かれ道なのです。人を惹きつける人生か、人が近寄ってこない人生か。すべては自分次第です。

最近、ＮＨＫのテレビ番組「チコちゃんに叱《しか》られる！」が人気になっています。五歳のチコちゃんからの素朴な問いかけに、ゲストの大人が答えられないと、「ボーっと生きてんじゃねーよ！」と叱られてしまう、そのやりとりが人気のようです。私たちも、自分の心を成長させる努力や苦心をして、キンカチョウから「ボーっと生きてんじゃねーよ！」と言われなくて済むような生き方をさせてもらいましょう。

立教百八十一年（平成三十年）八月

出会いの不思議

修養科の月報に、こんな感話が載っていました。

A君は高校に入ったころから、悪友に誘われて学校へ行かなくなり、毎日遊んで暮らすようになりました。そのような日々のなか、交通事故に遭《あ》い、救急車で病院へ運ばれたこともありました。幸い、かすり傷で済み、そのあたりで思い直せばよかったのですが、行状は改まることなく、ついには警察沙汰《ざた》を起こし、学校を退学になりました。そして、家でぶらぶらしているときに、母親と祖母から「修養科へ行かないか」と勧められ、断りきれずに志願することになりました。

しかし、学校へ行かずに遊んでいた人が、急に修養科の規則正しい生活に耐えられ

るはずがありません。毎日いつ出ていこうか、家に帰ろうかと思いながら過ごし、ある日、ついに詰所を飛び出したのです。家は愛媛県にあります。天理から愛媛に向かって歩いていきました。途中、雨が降ってきたので、ふと目に付いた交番へ飛び込みました。その交番勤務の警察官と話をして、A君は驚きました。なんと修養科を修了した人だったのです。すぐに詰所へ連絡が行き、教養掛が迎えに来て、戻ることになりました。

この成り行きに不思議を感じたのか、彼はそれ以降、修養科へ行くようになりました。二カ月目には、同じ修養科生が「やめたい」と言うのを逆に諭して、最後には感話大会に出るまでになったのです。そして、「教会や天理の行事に率先して参加したい。修了して終わりでなく、帰って活《い》かせるようにしたい」と話しています。

私は大したものだなと思いました。何が大したものなのか。彼のことではありません。修養科が嫌で逃げて、たまたま入った交番で修養科を了《お》えた警察官に会う可能性は、いったいどれくらいあるでしょう。私は、これは親々の徳積みのおかげだと思うのです。そのときの彼は、親が修養科に「戻れ」と言っても、きっと戻らなかったでしょう。自分の思うように行動したのに、ようぼくの警察官に出会って、事を治めていただいたのです。

この感話を読んで、一番下の弟のことを思い出しました。いまは教会長をしていますが、この弟が若いころに布教を志して、東京でアパートを借りて単独布教すると決心しました。ちょうど友達が東京の「布教の家」に入っていたので、彼にアパート探しを頼みました。友人は不動産屋を回ってくれましたが、弟は定職に就いていない天理教の布教師です。どこの不動産屋へ行ってもうまくいきません。しかし、たまたま入った不動産屋で「何という名前?」と聞かれて答えたところ、「えっ、深谷というのは河原町大教会の深谷さんか」「そうです」「それなら自分が保証人になろう」ということで、とんとん拍子にアパートが授かって布教に行くことができました。

実は、その不動産屋さんは、熱心なお道の信者さんだったのです。しかも、妻の実家の教会の信者さんでした。それなら初めから頼んだら良さそうなものですが、そのときは、そんな信者さんがおられることを知りませんでした。

東京の不動産屋で熱心なお道のようぼくがどれだけいるのかと考えたら、これも本当に不思議な出会いです。私は親々のおかげで、その方に巡り合わせていただけたと思うのです。

出会いというのは、自分で選べませんね。明日、誰と出会うのか分かりません。身近な出会いでいえば、親子の出会い。これだって自分で選んでいないですね。よく、出来の悪い子供が親に向かって「産んでくれと頼んだ覚えはない」などと言いますが、そう言うのですから、自分で親を選んだわけではないのです。親のほうも「おまえに頼まれたら断っていた」と言えばよいそうですが、親も子供を選んで産むわけではありません。

私と娘婿《むこ》の廣大《こうだい》との出会いにも、同じものを感じています。息子は当時、たくさんいる本部青年の一人でしたので、特に彼のことを意識することはありませんでした。初めて二人きりで話をしたのは、まだ結婚の話など何もなかったころのことです。私が本部の神殿当番で、朝づとめ前にかんろだいのお清めをする際に、脚立を押さえてくれたのが廣大でした。彼が脚立を下で押さえ、私がそれを上がってかんろだいを清めさせていただく。まだ日の明けやらぬ真っ暗な真座で、二人きりで会ったのが最初だったのです。あとになって考えると、前もって親神様が会わせてくださったのだと思います。これも親々のおかげ、親神様のおかげです。本当に有難いことです。

私たちには、生まれてから今日までに数多くの出会いがありました。これからもあるでしょう。明日の出会いは誰にも分かりません。できることなら、有難い出会い、素晴らしい出会いに恵まれたいものです。

そう思うなら、自分や子供、孫のために、家族のために、しっかり徳積みをさせてもらうことです。有難い、うれしい、そんな出会いを与えていただけるようなお互いにならせていただきましょう。

立教百八十一年（平成三十年）九月

だけど有難い

最近読んだ雑誌のなかに、面白い話がありました。

高校生のころ、数学が苦手だった。あるとき、数学の教師が側《そば》へやって来て、こう言った。「おまえは数学が全然だめだな。だけど心配ない。おまえのその笑顔とサービス精神があれば、きっと生きていける」。それを聞いて「ああ、そうなんだ。数学はだめだけど大丈夫なんだ」と思った。

またあるとき、父親から「おまえは働き者か、怠け者か」と尋ねられた。普段は物を言わない父が、そんなことを聞いてきたので、「怠け者」と答えたらおそらく殴られるだろうと思って、「働き者です」と答えた。すると父は「よし。頭が悪くても、

真面目《まじめ》に働けば食べていける」と言った。そう言われて、「頭が悪くても大丈夫なんだ」と思った。

大学に入ったけれど中退した。「これで一流企業には就職できないな」と、なんだか寂しい気持ちになった。それを紛らわすために競馬場へ行った。周りを見たら寂しい人ばかりだった。そこで思った。「良い会社へ就職できなくても、寂しくても大丈夫なんだ」。馬券は外れたけれど、幸せを感じた。

変な話ですが、何か妙に面白いなと私は思いました。それはなぜかと言うと、「数学はできない。だけど大丈夫なんだ」「頭が悪くても大丈夫なんだ」「寂しくても大丈夫なんだ」。これらすべて、「思い直す」ということをしているんですね。人間は思い直すことができるのです。

河原町の初代会長に、次のような逸話があります。鍛冶《かじ》屋をしているころ、転んでコブができるほど額を打って、こう言った。

「ああ、痛い痛い、有難い」

それを見ていた人が尋ねました。

「あんた、何が有難いねん」

それに対して、初代はこう答えました。

「いや、痛いと感じさせてもらえるのが有難いんや」


信仰していると痛くない、そんなはずはありません。痛いのですが、有難い。これは思い直しているのです。私は、それが値打ちだと思うのです。

痛いとか、つらいとか、悲しいとか、苦しいとか、信仰していたら感じない。そんなはずはないのです。やっぱり痛いときは痛い、つらいときはつらい、悲しいときは悲しいのです。しかし、初代会長をはじめ、お道を信仰した人たちは、「だけど有難い」――こう考えたのだと思うのです。

何があっても「だけど有難い」。この考え方が大事だと思うのです。うれしいことがあれば、誰だってうれしいのです。幸せなことがあれば、誰だって幸せなのです。つらい、苦しい、痛い、だけど有難い。何が有難いのか。そう言ってから、考えたらいいではありませんか。きっと浮かんでくると思います。おそらく、初代会長も「ああ、痛い痛い」と言っているときは痛かったのです。「ああ、痛い痛い、有難い」「何が有難いんや」と聞かれて、たぶん浮かんだことを言っているのだと思います。

それでは、そういうふうに「痛い痛い、有難い」「苦しいけれど有難い」「つらいけれど有難い」と、「思い直し」をしていけばどうなるのか。運命が変わるのです。初代会長がそうであったように、運命が変わる。「そんなこと言っても騙《だま》されないぞ」と思う人もいるかもしれませんが、心配ありません。なぜなら、元手は要らないからです。私の話を聞いて、やってみようと思って、やって損をする人はいないのです。

私たちの先輩は「つらいけれど有難い」「苦しいけれど有難い」——そう言って何が有難いのか、そこに神様の思召《おぼしめし》を求める思案をして、「本当に有難いな」と芯から思えるようになり、お道を通ってますます結構になったという人たちなのです。そんな人たちがいなかったら、この教会もないのです。それが嘘《うそ》なら、この教会は建たないのです。

人生にはいろんなことがあります。時には、泣くに泣けないこともあるかもしれません。しかし、それは決して罰が当たっているのではないのです。親神様の「どこまでもたすけてやりたい」「陽気ぐらしを味わわせてやりたい」との親心から、お見せいただいているのです。ですから、何が有難いのかを考えてみれば、必ずその親心に突き当たります、先輩方を見習って、私たちもしっかり「だけど有難い」という心の持ち方、歩み方をさせていただきたいと思います。

立教百八十年（平成二十九年）十二月

あとがきに寄せて

安藤正治　本愛大教会長

もう四十年も前のことである。私が大学を卒業して、青年として教会本部に入れていただいたころ、先輩のなかに際立った人がいた。端整な容貌《ようぼう》に併せて、周りを笑わせ楽しませるのが実にうまいのだ。耳を傾けていると、そのユーモアには上質な機知が詰まっていて、思わず話に引き込まれていく。

「お道にもこんな人がいるんだ」。先輩、深谷善太郎さんの印象は鮮烈であった。気の合うところもあって、それから今まで随分ひっぱってもらい、女房よりも長いつきあいとなった。もちろん、ユーモアは深谷さんの入り口の一つに過ぎず、その魅力の源《みなもと》は腹の据《す》わった信仰にある。

河原町の月次祭祭典後におさづけの取り次ぎが行われ、その前に深谷さんがお話をする。参拝者のなかには、何よりもそれが楽しみで心待ちにしている人もいるという。あるいは、つらい身上を抱えながら大教会に参拝し、おつとめを唱和して、おさづけを受ける前に会長さんのお話を聞く。面白く分かりやすい諭しのなかに、教えの真髄が込められている。優しく揉《も》みほぐされたような心でおさづけを受ける人もいるだろう。なんと、たすけの道筋が凝縮された時間であろうか。

「だけど有難い」とは、深谷さんが、ときに口にする言葉である。それは、をやの存在を肌身に感じている気構えの表れだと思う。私たちがどんなふしに出合っても、をやはちゃんと見守っておられ、手を引いてくださっている。絶対悪いようにはなさらない。そのなかで、現実に与わっているご守護を喜んで、もたれきっていれば大丈夫、いかなる逆境でも乗り越えていける。この確信が心に治まっているからこそ、深谷さんの言葉は説得力を持ち、馥郁《ふくいく》たる香りを放つのであろう。

代を重ねた信仰は、尊く堅固なものである。ただ、日常が当たり前となって、大きなご守護を頂いていることを気づかずにいることも多い。「有難い」とは、まさに有ることそのものが稀《まれ》なのであり、日常の「有難さ」に気づくことが、私たちがたすかる第一歩となり、それが本当の幸せの元であるにちがいない。

深谷善太郎（ふかや・よしたろう）
昭和28年（1953年）、京都市生まれ。明治大学、天理教校本科卒業。青年会本部委員長、少年会本部委員長、道友社次長、表統領室室長などを歴任。現在、河原町大教会長、学校法人天理大学理事長、かなめ会委員長、本部員。

だけど有難《ありがた》い

立教182年（2019年）7月1日　初版第1刷発行
立教183年（2020年）1月26日　初版第3刷発行

著　者　深谷善太郎

発行所　天理教道友社
〒632-8686　奈良県天理市三島町1番地1
電話　0743（62）5388
振替　00900-7-10367

TENRIKYO DOYUSHA

印刷所　大日本印刷㈱

ISBN978-4-8073-0626-8
定価はカバーに表示